目 录

考　点	试题	法条
专题一　行政法概述	1	41
考点1　行政法的基本原则	1	41
专题二　行政主体	2	42
考点2　国务院行政机构的设置与编制管理	2	42
考点3　地方行政机构的设置与编制管理	3	42
专题三　公务员	4	43
考点4　公务员处分制度	4	43
考点5　公务员的其他制度	4	43
专题四　抽象行政行为	6	45
考点6　行政法规	6	45
考点7　行政规章	6	47
专题五　具体行政行为概述	7	
考点8　具体行政行为的概念与判断	7	
考点9　具体行政行为的基本理论	8	
专题六　行政许可	9	49
考点10　行政许可的设定	9	49
考点11　行政许可的实施机关与实施程序	10	50
考点12　行政许可的撤销、撤回、注销与吊销	11	51
考点13　行政许可和行政处罚的比较	11	
专题七　行政处罚	12	52
考点14　行政处罚的种类	12	52
考点15　行政处罚的设定	12	52
考点16　行政处罚决定程序与执行程序	12	53
考点17　治安管理处罚	13	56
专题八　行政强制	14	56
考点18　行政强制行为的判定	14	56
考点19　行政强制措施	15	57
考点20　行政强制执行	16	58
专题九　其他行政行为	17	
考点21　行政协议及诉讼	17	
考点22　行政给付	18	
专题十　政府信息公开	18	60
考点23　政府信息公开	18	60
专题十一　行政复议	20	62
考点24　行政复议参加人与行政复议机关	20	62
考点25　行政复议的申请与受理	21	62
考点26　行政复议与行政诉讼的关系	22	63
考点27　行政复议的审理	22	64
考点28　行政复议决定与执行	22	65
专题十二　行政诉讼概述	23	66
考点29　行政诉讼与民事诉讼的关系	23	66

考点30 行政附带民事诉讼		23	66
考点31 行政诉讼与刑事诉讼的关系		24	
专题十三 行政诉讼的受案范围		24	67
考点32 行政诉讼受案范围		24	67
专题十四 行政诉讼的管辖		25	69
考点33 级别管辖		25	69
考点34 地域管辖		26	69
专题十五 行政诉讼参加人		26	70
考点35 行政诉讼的原告		26	70
考点36 行政诉讼的被告		27	70
考点37 行政诉讼第三人		28	72
专题十六 行政诉讼程序		29	72
考点38 行政诉讼的提起		29	72
考点39 行政诉讼的受理		29	73
考点40 第一审普通程序		30	74
考点41 行政诉讼简易程序		30	74
专题十七 行政诉讼证据		31	75
考点42 举证责任		31	75
考点43 证据的种类及提供证据的要求		31	76
考点44 证据的保全		32	
考点45 质证及证据的审核认定		32	77
专题十八 行政诉讼的法律适用		33	79
考点46 行政诉讼的法律适用		33	79
专题十九 行政案件审理中的特殊制度		33	79
考点47 规范性文件的附带审查		33	79
考点48 先予执行		33	80
考点49 被告改变被诉行政行为的处理与撤诉制度		33	80
考点50 行政机关负责人出庭应诉		34	81
考点51 行政公益诉讼		34	82
专题二十 行政诉讼的裁判与执行		34	83
考点52 行政诉讼第一审判决		34	83
考点53 行政诉讼第二审判决		35	85
考点54 行政诉讼裁判的执行		36	86
专题二十一 国家赔偿概述		36	86
考点55 国家赔偿概述		36	
专题二十二 行政赔偿		36	86
考点56 行政赔偿义务机关及赔偿程序		36	86
专题二十三 司法赔偿		37	87
考点57 司法赔偿义务机关		37	87
考点58 司法赔偿范围		37	88
考点59 司法赔偿程序		38	89
考点60 民事、行政司法赔偿		39	
专题二十四 国家赔偿方式、标准和费用		40	89
考点61 国家赔偿方式与标准		40	89
答案速查			91

行政法与行政诉讼法 [试题]

扫一扫,"码"上做题

微信扫码,即可线上做题、看解析。
多种做题模式:章节自测、单科集训、随机演练等。

专题一 行政法概述

考点1 行政法的基本原则

1. 2022 回忆/单
在不使用行政强制措施也能实现行政管理目的的情况下,应当放弃实施行政强制措施。该说法体现了哪一项行政法原则的要求?
A. 公平公正原则
B. 比例原则
C. 考虑相关因素原则
D. 行政效率原则

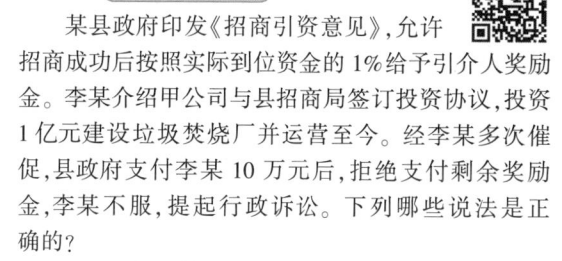

2. 2021 回忆/多
某县政府印发《招商引资意见》,允许招商成功后按照实际到位资金的1%给予引介人奖励金。李某介绍甲公司与县招商局签订投资协议,投资1亿元建设垃圾焚烧厂并经营至今。经李某多次催促,县政府支付李某10万元后,拒绝支付剩余奖励金,李某不服,提起行政诉讼。下列哪些说法是正确的?
A.《招商引资意见》属于具体行政行为
B. 李某获得的10万元奖励金可免缴个人所得税
C. 县政府拒绝支付剩余奖励金的行为违反了信赖保护原则
D. 投资协议履行过程中发生争议的,甲公司可以提起行政诉讼

3. 2019 回忆/单
马某购买了某市幸福小区的一套商品房,并获得了房屋所有权证。后来,因修建高铁,该小区被拆迁,市政府依法及时向马某支付了补偿金。这体现了下面哪项行政法原则?
A. 高效便民   B. 程序正当
C. 诚实守信   D. 权责一致

4. 2013/2/76/多①
合法行政是行政法的重要原则。下列哪些做法违反了合法行政要求?
A. 某规章规定行政机关对行政许可事项进行监督时,不得妨碍被许可人正常的生产经营活动
B. 行政机关要求行政处罚听证申请人承担组织听证的费用
C. 行政机关将行政强制措施权委托给另一行政机关行使
D. 行政机关对行政许可事项进行监督时发现直接关系公共安全、人身健康的重要设备存在安全隐患,责令停止使用和立即改正

5. 2012/2/78/多
合理行政是依法行政的基本要求之一。下列哪些做法体现了合理行政的要求?
A. 行政机关在作出重要决定时充分听取公众的意见
B. 行政机关要平等对待行政管理相对人
C. 行政机关行使裁量权所采取的措施符合法律目的
D. 非因法定事由并经法定程序,行政机关不得撤销已生效的行政决定

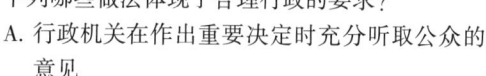

6. 2011/2/78/多
依法行政是法治国家对政府行政活动提出的基本要求,而合法行政则是依法行政的根本。下列哪些做法违反合法行政的要求?
A. 因蔬菜价格上涨销路看好,某镇政府要求村民拔掉麦子改种蔬菜
B. 为解决残疾人就业难,某市政府发布《促进残疾人就业指导意见》,对录用残疾人达一定数量的企业予以奖励
C. 孙某受他人胁迫而殴打他人致轻微伤,某公安局决定对孙某从轻处罚
D. 某市政府发布文件规定,外地物流公司到本地运输货物,应事前得到当地交通管理部门的准许,并缴纳道路特别通行费

7. 2013/2/78/多
某县政府发布通知,对直接介绍外地

---
① 指2013年/试卷二/第76题/多选——编者注。

企业到本县投资的单位和个人按照投资项目实际到位资金金额的千分之一奖励。经张某引荐,某外地企业到该县投资 500 万元,但县政府拒绝支付奖励金。县政府的行为不违反下列哪些原则或要求?

A. 比例原则　　B. 行政公开
C. 程序正当　　D. 权责一致

8. 2012/2/76/多

执法为民是社会主义法治的本质要求,行政机关和公务员在行政执法中应当自觉践行。下列哪些做法直接体现了执法为民理念?

A. 行政机关将行政许可申请书格式文本的费用由 2 元降为 1 元
B. 行政机关安排工作人员主动为前来办事的人员提供咨询
C. 工商局①要求所属机构提高办事效率,将原 20 工作日办结事项减至 15 工作日办结
D. 某区设立办事大厅,要求相关执法部门进驻并设立办事窗口

9. 2012/2/77/多

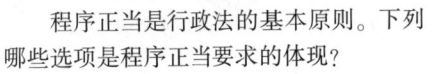

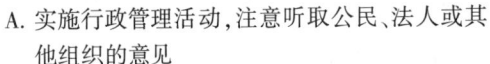

程序正当是行政法的基本原则。下列哪些选项是程序正当要求的体现?

A. 实施行政管理活动,注意听取公民、法人或其他组织的意见
B. 对因违法行政给当事人造成的损失主动进行赔偿
C. 严格在法律授权的范围内实施行政管理活动
D. 行政执法中要求与其管理事项有利害关系的公务员回避

10. 2014/2/76/多

高效便民是行政管理的基本要求,是服务型政府的具体体现。下列哪些选项体现了这一要求?

A. 简化行政机关内部办理行政许可流程
B. 非因法定事由并经法定程序,行政机关不得撤回和变更已生效的行政许可
C. 对办理行政许可的当事人提出的问题给予及时、耐心的答复
D. 对违法实施行政许可给当事人造成侵害的执法人员予以责任追究

11. 2014/2/78/多

廖某在某镇沿街路边搭建小棚经营杂货,县建设局下发限期拆除通知后强制拆除,并对廖某作出罚款 2 万元的处罚。廖某起诉,法院审理认为廖某所建小棚未占用主干道,其违法行为没有严重到既需要拆除又需要实施顶格处罚的程度,判决将罚款改为 1000 元。法院判决适用了下列哪些原则?

A. 行政公开　　B. 比例原则
C. 合理行政　　D. 诚实守信

12. 2014/2/77/多

程序正当是当代行政法的基本原则,遵守程序是行政行为合法的要求之一。下列哪些做法违背了这一要求?

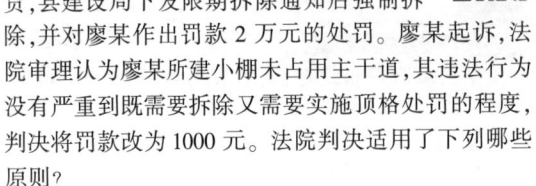

A. 某环保局对当事人的处罚听证,由本案的调查人员担任听证主持人
B. 某县政府自行决定征收基本农田 35 公顷
C. 某公安局拟给予甲拘留 10 日的治安处罚,告知其可以申请听证
D. 乙违反治安管理的事实清楚,某公安派出所当场对其作出罚款 500 元的处罚决定

专题二　行政主体

考点 2　国务院行政机构的设置与编制管理

13. 2021 回忆/单

国务院扶贫开发领导小组是国务院的议事协调机构。为了建立防止返贫的长效机制,保证脱贫成效持续稳定发展。2021 年 2 月,在国务院扶贫开发领导小组办公室的基础上组建国务院的直属机构国家乡村振兴局。下列哪一选项是正确的?

A. 国务院扶贫开发领导小组有独立的人员编制
B. 国务院扶贫开发领导小组主管特定业务,行使行政管理职能
C. 国家乡村振兴局的设立由国务院决定
D. 国家乡村振兴局无权制定规章

14. 2013/2/44/单　改编

国家能源局为国务院组成部门管理的国家局。关于国家能源局,下列哪一说法是正确的?

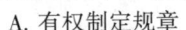

A. 有权制定规章
B. 主管国务院的某项专门业务,具有独立的行政管理职能
C. 该局的设立由国务院编制管理机关提出方案,报国务院决定
D. 该局增设司级内设机构,由国务院编制管理机关审核批准

15. 2011/2/40/单

国家禁毒委员会为国务院议事协调机构。关于该机构,下列哪一说法是正确的?

---

① 2018 年和 2023 年国家机构改革后部分国家机构名称有所调整,只要对试题的理解和作答没有影响的,本书均原汁原味地予以保留;有影响的,本书根据现行机构名称予以调整。

A. 撤销由国务院机构编制管理机关决定
B. 可以规定行政措施
C. 议定事项经国务院同意，由有关的行政机构按各自的职责负责办理
D. 可以设立司、处两级内设机构

16． 2010/2/40/单
国务院某部拟合并处级内设机构。关于机构合并，下列哪一说法是正确的？
A. 该部决定，报国务院机构编制管理机关备案
B. 该部提出方案，报国务院机构编制管理机关批准
C. 国务院机构编制管理机关决定，报国务院备案
D. 国务院机构编制管理机关提出方案，报国务院决定

17． 2014/2/43/单
国家税务总局为国务院直属机构。就其设置及编制，下列哪一说法是正确的？
A. 设立由全国人大及其常委会最终决定
B. 合并由国务院最终决定
C. 编制的增加由国务院机构编制管理机关最终决定
D. 依法履行国务院基本的行政管理职能

18． 2017/2/43/单
关于国务院行政机构设置和编制管理的说法，下列哪一选项是正确的？
A. 国务院议事协调机构的撤销经由国务院常务会议讨论通过后，由国务院总理提交国务院全体会议讨论决定
B. 国务院行政机构增设司级内设机构，由国务院机构编制管理机关提出方案，报国务院决定
C. 国务院议事协调机构的编制根据工作需要单独确定
D. 国务院行政机构的编制在国务院行政机构设立时确定

考点3 地方行政机构的设置与编制管理

19． 2019回忆/单
甲省乙市人民政府拟将本市的自然资源管理局与国土资源局合并，应当报哪个机关予以批准？
A. 国务院
B. 甲省人民政府
C. 乙市人大常委会
D. 甲省人大常委会

20． 2012/2/44/单
根据行政法规规定，县级以上地方各级政府机构编制管理机关应当评估行政机构和编制的执行情况。关于此评估，下列哪一说法是正确的？
A. 评估应当定期进行
B. 评估具体办法由国务院制定
C. 评估结果是调整机构编制的直接依据
D. 评估同样适用于国务院行政机构和编制的调整

21． 2016/2/43/单
根据规定，地方的事业单位机构和编制管理办法由省、自治区、直辖市人民政府机构编制管理机关拟定，报国务院机构编制管理机关审核后，由下列哪一机关发布？
A. 国务院
B. 省、自治区、直辖市人民政府
C. 国务院机构编制管理机关
D. 省、自治区、直辖市人民政府机构编制管理机关

22． 2011/2/98/任
甲市为乙省政府所在地的市。关于甲市政府行政机构设置和编制管理，下列说法正确的是：
A. 在一届政府任期内，甲市政府的工作部门应保持相对稳定
B. 乙省机构编制管理机关与甲市机构编制管理机关为上下级领导关系
C. 甲市政府的行政编制总额，由甲市政府提出，报乙省政府批准
D. 甲市政府根据调整职责的需要，可以在行政编制总额内调整市政府有关部门的行政编制

23． 2009/2/50/单
关于地方政府机构设置和编制管理，下列哪一选项是正确的？
A. 政府机构编制管理机关实行省以下垂直管理体制
B. 地方政府在设置机构时应当充分考虑财政的供养能力
C. 县级以上政府的行政机构可以要求下级政府设立与其业务对口的行政机构
D. 地方事业单位机构设置和编制管理办法，由国务院机构编制管理机关审核发布

24． 2015/2/45/单
甲市某县环保局与水利局对职责划分有异议，双方协商无法达成一致意见。关于异议的处理，下列哪一说法是正确的？
A. 提请双方各自上一级主管机关协商确定
B. 提请县政府机构编制管理机关决定
C. 提请县政府机构编制管理机关提出协调意见，并由该机构编制管理机关报县政府决定

D. 提请县政府提出处理方案,经甲市政府机构编制管理机关审核后报甲市政府批准

专题三 公务员

考点4 公务员处分制度

25. 2008/2/39/多
关于行政机关公务员处分的说法,下列哪些选项是错误的?①
A. 行政诉讼的生效判决撤销某行政机关所作的决定,即应给予该机关的负责人张某行政处分
B. 工商局干部李某主动交代自己的违法行为,即应减轻处分
C. 某环保局科长王某因涉嫌违纪被立案调查,即应暂停其履行职务
D. 财政局干部田某因涉嫌违纪被立案调查,即不应允许其挂职锻炼

26. 2010/2/41/单
关于国家机关公务员处分的做法或说法,下列哪一选项是正确的?
A. 张某受记过处分期间,因表现突出被晋升一档工资
B. 孙某撤职处分被解除后,虽不能恢复原职但应恢复原级别
C. 童某受到记大过处分,处分期间为24个月
D. 田某主动交代违纪行为,主动采取措施有效避免损失,应减轻处分

27. 2008/2/98/任
某行政机关负责人孙某因同时违反财经纪律和玩忽职守被分别给予撤职和记过处分。下列说法正确的是:
A. 应只对孙某执行撤职处分
B. 应同时降低孙某的级别
C. 对孙某的处分期为36个月
D. 解除对孙某的处分后,即应恢复其原职务

28. 2017/2/44/单
某县工商局科员李某因旷工被给予警告处分。关于李某的处分,下列哪一说法是正确的?
A. 处分决定可以口头方式通知李某
B. 处分决定自作出之日起生效
C. 受处分期间为12个月
D. 李某在受处分期间不得晋升工资档次

考点5 公务员的其他制度

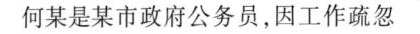

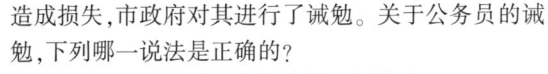

29. 2022回忆/单
何某是某市政府公务员,因工作疏忽造成损失,市政府对其进行了诫勉。关于公务员的诫勉,下列哪一说法是正确的?
A. 诫勉是机关对公务员的监督措施
B. 被诫勉的公务员不得交流
C. 被诫勉的公务员不得晋升职务
D. 公务员可以对诫勉行为提出申诉

30. 2022回忆/多
陈某是某市公安局二级主任科员。关于其职级,下列哪些说法是正确的?
A. 二级主任科员是陈某的职级
B. 若陈某符合任职资历要求,可晋升一级主任科员
C. 若陈某认为自己应晋升一级主任科员而未获得晋升,可以依法提出申诉
D. 对陈某应采用定期考核,以年度考核的方式进行

31. 2020回忆/单
根据《公务员法》规定,聘任制公务员按照国家规定实行协议工资制。关于协议工资制的具体办法,由哪一部门制定?
A. 中央公务员主管部门
B. 省级以上人力资源和社会保障主管部门
C. 省级以上公务员主管部门
D. 国务院人力资源和社会保障主管部门

32. 2019回忆/单
关于公务员的下列说法,哪一选项是错误的?
A. 国家公务员实行职务和职级并行
B. 公务员的领导职务、职级与级别是确定公务员工资以及其他待遇的依据
C. 公务员职级可以采用委任制和聘任制
D. 只能在县处级以下设立职级

33. 2018回忆/单
县安监局局长赵某在本县发生的煤矿事故中处置失职,造成重大损失,引咎辞去领导职务。关于引咎辞职,以下哪一说法是正确的?
A. 赵某失去公务员身份
B. 属于对赵某的行政处分
C. 属于对赵某的行政问责
D. 是对赵某行政处分的必经程序

34. 2012/2/43/单
关于公务员录用的做法,下列哪一选项是正确的?

---
① 原为单选题,根据新法答案有变化,调整为多选题。

A. 县公安局经市公安局批准,简化程序录用一名特殊职位的公务员
B. 区财政局录用一名曾被开除过公职但业务和能力优秀的人为公务员
C. 市环保局以新录用的公务员李某试用期满不合格为由,决定取消录用
D. 国务院卫生行政部门规定公务员录用体检项目和标准,报中央公务员主管部门备案

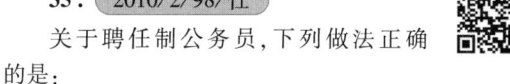

35. 2010/2/98/任
关于聘任制公务员,下列做法正确的是:
A. 某县保密局聘任两名负责保密工作的计算机程序员
B. 某县财政局与所聘任的一名精算师实行协议工资制
C. 某市林业局聘任公务员的合同期限为10年
D. 某县公安局聘任网络管理员的合同需经上级公安机关批准

36. 2009/2/42/多
下列哪些做法不属于公务员交流制度?①
A. 沈某系某高校副校长,调入国务院某部任副司长
B. 刘某系某高校行政人员,被聘为某区法院书记员
C. 吴某系某国有企业经理,调入市国有资产管理委员会任处长
D. 郑某系某部人事司副处长,到某市挂职担任市委组织部副部长

37. 2016/2/76/多
财政局干部李某在机关外兼职。关于李某兼职,下列哪些说法是正确的?
A. 为发挥个人专长可在外兼职
B. 兼职应经有关机关批准
C. 不得领取兼职报酬
D. 兼职情况应向社会公示

38. 2013/2/79/多
孙某为某行政机关的聘任制公务员,双方签订聘任合同。下列哪些说法是正确的?
A. 对孙某的聘任须按照公务员考试录用程序进行公开招聘
B. 该机关应按照《公务员法》和聘任合同对孙某进行管理
C. 对孙某的工资可以按照国家规定实行协议工资
D. 如孙某与该机关因履行聘任合同发生争议,可以向人事争议仲裁委员会申请仲裁

39. 2014/2/44/单
王某经过考试成为某县财政局新录用的公务员,但因试用期满不合格被取消录用。下列哪一说法是正确的?
A. 对王某的试用期限,由某县财政局确定
B. 对王某的取消录用,应当适用辞退公务员的规定
C. 王某不服取消录用向法院提起行政诉讼的,法院应当不予受理
D. 对王某的取消录用,在性质上属于对王某的不予录用

40. 2015/2/76/多
关于公务员的辞职和辞退,下列哪些说法是正确的?
A. 重要公务尚未处理完毕的公务员,不得辞去公职
B. 领导成员对重大事故负有领导责任的,应引咎辞去公职
C. 对患病且在规定的医疗期内的公务员,不得辞退
D. 被辞退的公务员,可根据国家有关规定享受失业保险

41. 2017/2/76/多
根据《公务员法》规定,经省级以上公务员主管部门批准,机关根据工作需要可以对下列哪些职位实行聘任制?
A. 涉及国家秘密的职位
B. 专业性较强的职位
C. 辅助性职位
D. 机关急需的职位

42. 2007/2/85/多
下列哪些情形违反《公务员法》有关回避的规定?
A. 张某担任家乡所在县的县长
B. 刘某是工商局局长,其侄担任工商局人事处科员
C. 王某是税务局工作人员,参加调查一企业涉嫌偷漏税款案,其妻之弟任该企业的总经理助理
D. 李某是公安局局长,其妻在公安局所属派出所担任户籍警察

---

① 原为单选题,根据新法答案有变化,调整为多选题。

专题四 抽象行政行为

考点6 行政法规

43. 2021 回忆/单

为促进某市自由贸易试验区的发展，有关机关决定在该市暂时停止实施行政法规《国际海运运输条例》的部分规定。该决定应由下列哪一主体作出？
A. 某市人民政府
B. 某市人民代表大会
C. 全国人大常委会
D. 国务院

44. 2008/2/41/单 新法改编

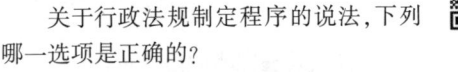

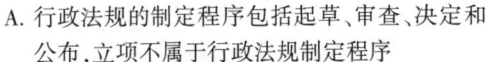

关于行政法规制定程序的说法，下列哪一选项是正确的？
A. 行政法规的制定程序包括起草、审查、决定和公布，立项不属于行政法规制定程序
B. 几个部门共同起草的行政法规送审稿报送国务院，应当由牵头部门主要负责人签署
C. 对重要的行政法规送审稿，国务院法制机构经国务院同意后向社会公布
D. 行政法规应当在公布后30日内由国务院办公厅报全国人大常委会备案

45. 2016/2/100/任

行政法规条文本身需进一步明确界限或作出补充规定的，应对行政法规进行解释。关于行政法规的解释，下列说法正确的是：
A. 解释权属于国务院
B. 解释行政法规的程序，适用行政法规制定程序
C. 解释可由国务院授权国务院有关部门公布
D. 行政法规的解释与行政法规具有同等效力

46. 2011/2/85/多

国务院法制机构在审查起草部门报送的行政法规送审稿时认为，该送审稿规定的主要制度存在较大争议，且未与有关部门协商。对此，可以采取下列哪些处理措施？
A. 缓办
B. 移交其他部门起草
C. 退回起草部门
D. 向社会公布，公开征求意见

47. 2010/2/42/单

关于行政法规的决定与公布，下列哪一说法是正确的？
A. 行政法规均应由国务院常务会议审议通过
B. 行政法规草案在国务院常务会议审议时，可由起草部门作说明
C. 行政法规草案经国务院审议报国务院总理签署前，不得再作修改
D. 行政法规公布后由国务院法制机构报全国人大常委会备案

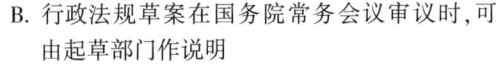

48. 2014/2/46/单

《计算机信息网络国际联网安全保护管理办法》于1997年12月11日经国务院批准，由公安部于1997年12月30日以公安部部令发布。该办法属于哪一性质的规范？
A. 行政法规
B. 国务院的决定
C. 规章
D. 一般规范性文件

49. 2017/2/45/单

关于行政法规的立项，下列哪一说法是正确的？
A. 省政府认为需要制定行政法规的，可于每年年初编制国务院年度立法工作计划前向国务院报请立项
B. 国务院法制机构根据有关部门报送的立项申请汇总研究，确定国务院年度立法工作计划
C. 列入国务院年度立法工作计划的行政法规项目应适应改革、发展、稳定的需要
D. 国务院年度立法工作计划一旦确定不得调整

50. 2007/2/46/单

关于行政法规，下列哪一选项是正确的？
A. 行政法规可以设定行政拘留处罚
B. 行政法规对法律设定的行政许可作出具体规定时可以增设行政许可
C. 行政法规的决定程序依照国务院组织法的有关规定办理
D. 行政法规之间对同一事项的新的一般规定与旧的特别规定不一致，不能确定如何适用时，由国务院法制机构裁决

考点7 行政规章

51. 2021 回忆/单

2021年，国家市场监督管理总局和生态环境部联合制定了《机动车排放召回管理规定》。下列说法正确的是：
A. 该规定属于行政法规
B. 该规定的解释主体是国家市场监督管理总局
C. 公民个人认为该规定同法律抵触的，可以向国务院书面提出审查建议

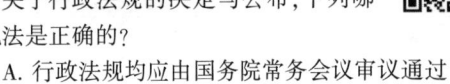

D．国家市场监督管理总局依据上述规定,责令某企业召回已上市销售的不符合排放标准的机动车,该行为属于行政处罚

52． 2020 回忆/多
甲省乙市政府制定规则《城市生活垃圾分类管理办法》,对违反垃圾分类投放规则的单位和个人作出了罚款规定。关于该办法,下列哪些说法是正确的?
A．符合地方政府规章立法事项范围
B．公布后应在中国政府法制信息网刊载
C．应当报甲省政府备案,不需要报国务院备案
D．设定的罚款不能超出该省人大常委会对政府规章规定的罚款限额

53． 2010/2/80/多
某企业认为,甲省政府所在地的市政府制定的规章同某一行政法规相抵触,可以向下列哪些机关书面提出审查建议?
A．国务院
B．国务院法制机构
C．甲省政府
D．全国人大常委会

54． 2016/2/77/多
某省会城市的市政府拟制定限制电动自行车通行的规章。关于此规章的制定,下列哪些说法是正确的?
A．应先列入市政府年度规章制定工作计划中,未列入不得制定
B．起草该规章应广泛听取有关机关、组织和公民的意见
C．此规章送审稿的说明应对制定规章的必要性、规定的主要措施和有关方面的意见等情况作出说明
D．市政府法制机构认为制定此规章基本条件尚不成熟,可将规章送审稿退回起草单位

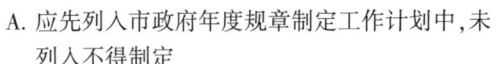

55． 2014/2/97/任
有关规章的决定和公布,下列说法正确的是:
A．审议规章草案时须由起草单位作说明
B．地方政府规章须经政府全体会议决定
C．部门联合规章须由联合制定的部门首长共同署名公布,使用主办机关的命令序号
D．规章公布后须及时在全国范围内发行的有关报纸上刊登

56． 2009/2/39/单
下列哪一选项符合规章制定的要求?

A．某省政府所在地的市政府将其制定的规章定名为"条例"
B．某省政府在规章公布后60日向省人大常委会备案
C．基于简化行政管理手续考虑,对涉及国务院甲乙两部委职权范围的事项,甲部单独制定规章加以规范
D．某省政府制定的规章既规定行政机关必要的职权,又规定行使该职权应承担的责任

57． 2017/2/77/多
关于规章的起草和审查,下列哪些说法是正确的?
A．起草规章可邀请专家参加,但不能委托专家起草
B．起草单位就规章起草举行听证会,应制作笔录,如实记录发言人的主要观点和理由
C．起草规章应广泛听取有关机关、组织和公民的意见
D．如制定规章的基本条件不成熟,法制机构应将规章送审稿退回起草单位

专题五 具体行政行为概述

考点8 具体行政行为的概念与判断

58． 2021 回忆/多
下列哪些行为属于具体行政行为?
A．市场监督管理局发文要求某电商平台合法合规经营
B．防汛指挥部发布大雨蓝色预警,请市民出行注意安全
C．中国证监会对某公司负责人采取终身禁入证券市场措施
D．某省证监局向某证券公司出具警示函,指出其执业过程中存在的问题并责令采取整改措施

59． 2020 回忆/多
某市政建设管理部门依法授予甲公司城市管道燃气独占专营权。在甲公司经营权与营业权存续期间,该市政建设管理部门确定了城市管道燃气项目招标方案,并举行招标,乙公司中标。对招标行为,甲公司向法院提起诉讼。下列哪些说法是正确的?
A．授予甲公司城市管道燃气独占专营权的行为属于民事行为
B．授予甲公司城市管道燃气独占专营权的行为属于行政许可

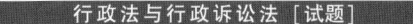

C. 如果法院受理此案,乙公司为第三人
D. 市政建设管理部门的行为,违背了信赖利益保护原则

60． 2019 回忆/单

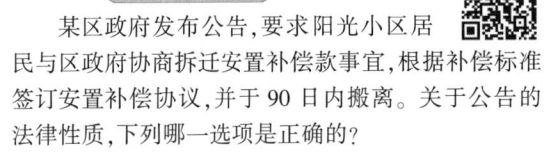

某区政府发布公告,要求阳光小区居民与区政府协商拆迁安置补偿款事宜,根据补偿标准签订安置补偿协议,并于90日内搬离。关于公告的法律性质,下列哪一选项是正确的?
A. 行政协议
B. 行政指导
C. 单方行政行为
D. 行政强制

61． 2010/2/46/单

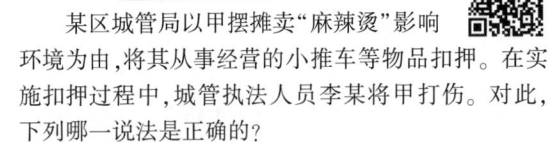

某区城管局以甲摆摊卖"麻辣烫"影响环境为由,将其从事经营的小推车等物品扣押。在实施扣押过程中,城管执法人员李某将甲打伤。对此,下列哪一说法是正确的?
A. 扣押甲物品的行为,属于行政强制执行措施
B. 李某殴打甲的行为,属于事实行为
C. 因甲被打伤,扣押甲物品的行为违法
D. 甲被打伤的损失,应由李某个人赔偿

62． 2009/2/41/单

经甲公司申请,市建设局给其颁发建设工程规划许可证。后该局在复核中发现甲公司在申请时报送的企业法人营业执照已经超过有效期,遂依据《行政许可法》规定,撤销该公司的规划许可证,并予以注销。甲公司不服,向法院提起诉讼。市建设局撤销甲公司规划许可证的行为属于下列哪一类别?
A. 行政处罚
B. 行政强制措施
C. 行政行为的撤销
D. 行政检查

63． 2016/2/44/单

为落实淘汰落后产能政策,某区政府发布通告:凡在本通告附件所列名单中的企业两年内关闭。提前关闭或者积极配合的给予一定补贴,逾期不履行的强制关闭。关于通告的性质,下列哪一选项是正确的?
A. 行政规范性文件
B. 具体行政行为
C. 行政给付
D. 行政强制

64． 2017/2/46/单

行政机关所实施的下列行为中,哪一项属于具体行政行为?

A. 公安交管局在辖区内城市快速路入口处悬挂"危险路段,谨慎驾驶"的横幅
B. 县公安局依照《刑事诉讼法》对李某进行拘留
C. 区政府对王某作出房屋征收决定
D. 因民间纠纷引起的打架斗殴双方经公安派出所调解达成的协议

考点9 具体行政行为的基本理论

65． 2023 回忆/多

关于无效具体行政行为,下列哪些说法是正确的?
A. 具体行政行为一经确认无效即应当对当事人进行国家赔偿
B. 确认无效的具体行政行为对作为当事人一方的行政机关无拘束力
C. 我国法律尚未对具体行政行为的无效情形作出明确规定
D. 滥用职权的具体行政行为在被撤销前具有法律效力

66． 2019 回忆/多

下列关于具体行政行为的说法哪些是正确的?
A. 确定力是指具体行政行为一经生效,行政机关和相对人必须遵守
B. 2014年修改的《行政诉讼法》中并未出现具体行政行为这一用语
C. 具体行政行为是指对特定人或者特定事项的一次性处理
D. 授益性行政行为与裁量性行政行为是相对应的

67． 2018 回忆/单

国外某品牌婴儿配方奶粉在该国引起婴儿呕吐及胃肠不适症状,海关总署发布公告,提醒国内消费者谨慎通过直邮方式从境外购买该品牌婴儿配方奶粉。下列哪一说法是正确的?
A. 该公告是具有强制力的行政决定
B. 海关总署是国务院直属事业单位
C. 该公告属于负担的具体行政行为
D. 该公告属于事实行为

68． 2013/2/85/多

关于具体行政行为的合法性与效力,下列哪些说法是正确的?
A. 遵守法定程序是具体行政行为合法的必要条件
B. 无效行政行为可能有多种表现形式,无法完全列举
C. 因具体行政行为废止致使当事人的合法权益

8

受到损失的,应给予赔偿

D. 申请行政复议会导致具体行政行为丧失拘束力

69. 2010/2/81/多

关于具体行政行为的效力,下列哪些说法是正确的?

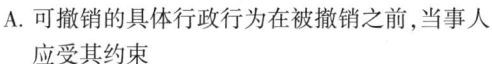

A. 可撤销的具体行政行为在被撤销之前,当事人应受其约束

B. 具体行政行为废止前给予当事人的利益,在该行为废止后应收回

C. 为某人设定专属权益的行政行为,如此人死亡其效力应终止

D. 对无效具体行政行为,任何人都可以向法院起诉主张其无效

70. 2009/2/80/多

关于具体行政行为的成立和效力,下列哪些选项是错误的?

A. 与抽象行政行为不同,具体行政行为一经成立即生效

B. 行政强制执行是实现具体行政行为执行力的制度保障

C. 未经送达领受程序的具体行政行为也具有法律约束力

D. 因废止具体行政行为给当事人造成损失的,国家应当给予赔偿

71. 2014/2/99/任

有关具体行政行为的效力和合法性,下列说法正确的是:

A. 具体行政行为一经成立即生效

B. 具体行政行为违法是导致其效力终止的唯一原因

C. 行政机关的职权主要源自行政组织法和授权法的规定

D. 滥用职权是具体行政行为构成违法的独立理由

72. 2015/2/46/单

某地连续发生数起以低价出售物品引诱当事人至屋内后实施抢劫的事件,当地公安局通过手机短信告知居民保持警惕以免上当受骗。公安局的行为属于下列哪一性质?

A. 履行行政职务的行为

B. 负担性的行为

C. 准备性行政行为

D. 强制行为

73. 2006/2/40/单

下列哪一选项是关于具体行政行为拘束力的正确理解?

①具体行政行为具有不再争议性,相对人不得改变具体行政行为

②行政主体非经法定程序不得任意改变或撤销具体行政行为

③相对人必须遵守和实际履行具体行政行为规定的义务

④具体行政行为在行政复议或行政诉讼期间不停止执行

A. ①②   B. ①②④
C. ②③   D. ③④

专题六 行政许可

考点10 行政许可的设定

74. 2023 回忆/单

水利部依照《中华人民共和国水法》制定了《水行政处罚实施办法》(中华人民共和国水利部令第55号)。该办法可以规定下列哪一项内容?

A. 规定行政处罚的级别管辖

B. 补充设定行政处罚

C. 规定行政处罚适用简易程序的特殊条件

D. 规定依普通程序作出处罚决定的期限

75. 2016/2/79/多

关于行政许可的设定权限,下列哪些说法是不正确的?

A. 必要时省政府制定的规章可设定企业的设立登记及其前置性行政许可

B. 地方性法规可设定应由国家统一确定的公民、法人或者其他组织的资格、资质的行政许可

C. 必要时国务院部门可采用发布决定的方式设定临时性行政许可

D. 省政府报国务院批准后可在本区域停止实施行政法规设定的有关经济事务的行政许可

76. 2010/2/82/多

下列哪些地方性法规的规定违反《行政许可法》?

A. 申请餐饮服务许可证,须到当地餐饮行业协会办理认证手续

B. 申请娱乐场所表演许可证,文化主管部门收取的费用由财政部门按一定比例返还

C. 外地人员到本地经营网吧,应当到本地电信管理部门注册并缴纳特别管理费

D. 申请建设工程规划许可证,需安装建设主管部门指定的节能设施

考点11 行政许可的实施机关与实施程序

77． 2023 回忆/单

齐某自行购置了一台新车准备从事网约车营运，向甲市乙区交通运输管理局申请网约车营运许可。依照甲市制发的《网约车运营管理规定》，车龄3年以上才可申领网约车营运许可，乙区交通运输管理局据此拒绝了齐某的申请。齐某不服，向法院提起诉讼。诉讼期间，乙区交通运输管理局为齐某发放了营运许可，但齐某未撤诉。对此，下列哪一说法是正确的？

A. 网约车许可属于特许
B. 齐某不可以通过电子邮件申请网约车营运许可
C. 乙区交通运输管理局应当在30日内作出许可决定
D. 法院应当判决确认乙区交通运输管理局拒绝发证行为违法

78． 2016/2/78/多

《执业医师法》规定，执业医师需依法取得卫生行政主管部门发放的执业医师资格，并经注册后方能执业。关于执业医师资格，下列哪些说法是正确的？

A. 该资格属于直接关系人身健康，需按照技术规范通过检验、检测确定申请人条件的许可
B. 对《执业医师法》规定的取得资格的条件和要求，部门规章不得作出具体规定
C. 卫生行政主管部门组织执业医师资格考试，应公开举行
D. 卫生行政主管部门组织执业医师资格考试，不得组织强制性考前培训

79． 2010/2/43/单

刘某向卫生局申请在小区设立个体诊所，卫生局受理申请。小区居民陈某等人提出，诊所的医疗废物会造成环境污染，要求卫生局不予批准。对此，下列哪一选项符合《行政许可法》规定？

A. 刘某既可以书面也可以口头申请设立个体诊所
B. 卫生局受理刘某申请后，应当向其出具加盖本机关专用印章和注明日期的书面凭证
C. 如陈某等人提出听证要求，卫生局同意听证的，组织听证的费用应由陈某承担
D. 如卫生局拒绝刘某申请，原则上应作出书面决定，必要时口头告知即可

80． 2009/2/40/单

2001年原信息产业部制定的《电信业务经营许可证管理办法》(简称《办法》)规定"经营许可证有效期届满，需要继续经营的，应提前90日，向原发证机关提出续办经营许可证的申请"。2003年9月1日获得增值电信业务许可证(有效期为五年)的甲公司，于2008年拟向原发证机关某省通信管理局提出续办经营许可证的申请。下列哪一选项是正确的？

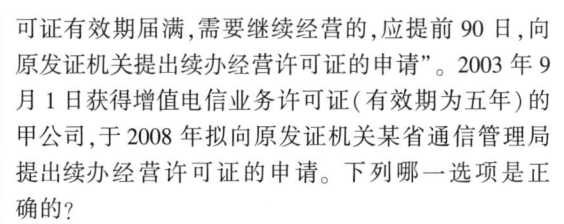

A. 因《办法》为规章，所规定的延续许可证申请期限无效
B. 因《办法》在《行政许可法》制定前颁布，所规定的延续许可证申请期限无效
C. 如甲公司依法提出申请，某省通信管理局应在甲公司许可证有效期届满前作出是否准予延续的决定
D. 如甲公司依法提出申请，某省通信管理局在60日内不予答复的，视为拒绝延续

81． 2013/2/47/单

某公司向规划局交纳了一定费用后获得了该局发放的建设用地规划许可证。刘某的房屋紧邻该许可规划用地，刘某认为建筑工程完成后将遮挡其房屋采光，向法院起诉请求撤销该许可决定。下列哪一说法是正确的？

A. 规划局发放许可证不得向某公司收取任何费用
B. 因刘某不是该许可的利害关系人，规划局审查和决定发放许可证无需听取其意见
C. 因刘某不是该许可的相对人，不具有原告资格
D. 因建筑工程尚未建设，刘某权益受侵犯不具有现实性，不具有原告资格

82． 2011/2/99/任

关于行政许可实施程序的听证规定，下列说法正确的是：

A. 行政机关应在举行听证7日前将时间、地点通知申请人、利害关系人
B. 行政机关可视情况决定是否公开举行听证
C. 申请人、利害关系人对听证主持人可以依照规定提出回避申请
D. 举办听证的行政机关应当制作笔录，听证笔录应当交听证参与人确认无误后签字或者盖章

83． 2009/2/90/多

关于公告，下列哪些选项是正确的？

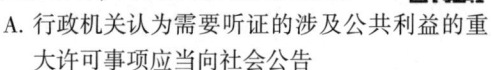

A. 行政机关认为需要听证的涉及公共利益的重大许可事项应当向社会公告
B. 行政许可直接涉及申请人与他人之间重大利益关系的，申请人、利害关系人提出听证申请的，行政机关应当予以公告

C. 行政机关在其法定权限范围内,依据法律委托其他行政机关实施行政许可,对受委托行政机关和受委托实施许可的内容应予以公告
D. 被许可人以欺骗、贿赂等不正当手段取得行政许可,行政机关予以撤销的,应当向社会公告

84. 2017/2/47/单
天龙房地产开发有限公司拟兴建天龙金湾小区项目,向市规划局申请办理建设工程规划许可证,并提交了相关材料。下列哪一说法是正确的?
A. 公司应到市规划局办公场所提出申请
B. 公司应对其申请材料实质内容的真实性负责
C. 公司的申请材料不齐全的,市规划局应作出不予受理决定
D. 市规划局为公司提供的申请格式文本可收取工本费

考点12 行政许可的撤销、撤回、注销与吊销

85. 2022回忆/单
关于行政许可的撤销与注销,下列哪一项说法是正确的?
A. 均为行政处罚行为
B. 均为可诉行政行为
C. 均为依申请行政行为
D. 均为可裁量行政行为

86. 2019回忆/多
某区规划局批准了大地房地产开发公司的土地开发申请,并向其颁发了建设工程规划许可证,后查明该公司在申请规划许可时提供了虚假材料,于是,某区规划局将该许可证予以撤销。下列哪些说法是正确的?
A. 颁发建设工程规划许可证不得收取任何费用
B. 批准开发申请应当向社会公开
C. 撤销建设工程规划许可证的行为属于行政处罚
D. 若大地房地产开发公司提起行政复议,复议机关为区政府

87. 2011/2/42/单
某市安监局向甲公司发放《烟花爆竹生产企业安全生产许可证》后,发现甲公司所提交的申请材料系伪造。对于该许可证的处理,下列哪一选项是正确的?
A. 吊销　　　B. 撤销
C. 撤回　　　D. 注销

88. 2008/2/87/多
对下列哪些情形,行政机关应当办理行政许可的注销手续?
A. 张某取得律师执业证书后,发生交通事故成为植物人
B. 田某违法经营的网吧被吊销许可证
C. 李某依法向国土资源管理部门申请延续采矿许可,国土资源管理部门在规定期限内未予答复
D. 刘某通过行贿取得行政许可证后,被行政机关发现并撤销其许可

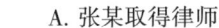

89. 2015/2/47/单
食品药品监督管理局向一药店发放药品经营许可证。后接举报称,该药店存在大量非法出售处方药的行为,该局在调查中发现药店的药品经营许可证系提供虚假材料欺骗所得。关于对许可证的处理,该局下列哪一做法是正确的?
A. 撤回
B. 撤销
C. 吊销
D. 待有效期届满后注销

90. 2017/2/78/多
下列哪些情形中,行政机关应依法办理行政许可的注销手续?
A. 某企业的产品生产许可证有效期限届满未申请延续的
B. 某企业的旅馆业特种经营许可证被认定为以贿赂手段取得而被撤销的
C. 某房地产开发公司取得的建设工程规划许可证被吊销的
D. 拥有执业医师资格证的王医生死亡的

91. 2007/2/81/多
刘某参加考试并取得《医师资格证书》,后市卫生局查明刘某在报名时提供的系虚假材料,于是向刘某送达《行政许可证件撤销告知书》。刘某提出听证申请,被拒绝。市卫生局随后撤销了刘某的《医师资格证书》。下列哪些选项是正确的?
A. 市卫生局有权撤销《医师资格证书》
B. 撤销《医师资格证书》的行为应当履行听证程序
C. 市政府有权撤销《医师资格证书》
D. 市卫生局撤销《医师资格证书》后应依照法定程序将其注销

考点13 行政许可和行政处罚的比较

92. 2016/2/80/单
关于一个行政机关行使有关行政机关的行政许可权和行政处罚权的安排,下列哪一说

法是正确的?①
A. 涉及行政处罚的,由国务院或者经国务院授权的省、自治区、直辖市政府决定
B. 涉及行政许可的,由经国务院批准的省、自治区、直辖市政府决定
C. 限制人身自由的行政处罚只能由公安机关行使,不得交由其他行政机关行使
D. 由公安机关行使的行政许可,不得交由其他行政机关行使

93． 2011/2/41/单
关于规章,下列哪一说法是正确的?
A. 较大的市的人民政府制定的规章可以在上位法设定的行政许可事项范围内,对实施该行政许可作出具体规定
B. 行政机关实施许可不得收取任何费用,但规章另有规定的,依照其规定
C. 规章可以授权具有管理公共事务职能的组织实施行政处罚
D. 违法行为在二年内未被发现的,不再给予行政处罚,但规章另有规定的除外

94． 2015/2/77/多
对下列哪些拟作出的决定,行政机关应告知当事人有权要求听证?
A. 税务局扣押不缴纳税款的某企业价值200万元的商品
B. 交通局吊销某运输公司的道路运输经营许可证
C. 规划局发放的建设用地规划许可证,直接涉及申请人与附近居民之间的重大利益关系
D. 公安局处以张某行政拘留10天的处罚

专题七 行政处罚

考点14 行政处罚的种类

95． 2010/2/44/单
下列哪一行为属于行政处罚?
A. 公安交管局暂扣违章驾车张某的驾驶执照六个月
B. 工商局对一企业有效期届满未申请延续的营业执照予以注销
C. 卫生局对流行性传染病患者强制隔离
D. 食品药品监督局责令某食品生产者召回其已上市销售的不符合食品安全标准的食品

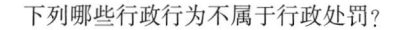

96． 2016/2/81/多
下列哪些行政行为不属于行政处罚?
A. 质监局对甲企业涉嫌冒用他人商品识别代码的产品予以先行登记保存
B. 食品药品监管局责令乙企业召回已上市销售的不符合药品安全标准的药品
C. 环保局对排污超标的丙企业作出责令停产6个月的决定
D. 工商局责令销售不合格产品的丁企业支付消费者3倍赔偿金

考点15 行政处罚的设定

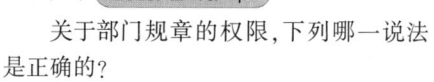

97． 2013/2/48/单
关于部门规章的权限,下列哪一说法是正确的?
A. 尚未制定法律、行政法规,对违反管理秩序的行为,可以设定暂扣许可证的行政处罚
B. 尚未制定法律、行政法规,且属于规章制定部门职权的,可以设定扣押财物的行政强制措施
C. 可以在上位法设定的行政许可事项范围内,对实施该许可作出具体规定
D. 可以设定除限制人身自由以外的行政处罚

考点16 行政处罚决定程序与执行程序

98． 2021回忆/任
甲市政府发布《关于限制道路通行的通告》,自7月20日至7月25日某路段禁止通行。甲市乙区公安分局交警大队通过监控发现李某违反限行规定,对其作出200元罚款决定。李某向乙区政府申请行政复议,乙区政府复议维持。后李某提起诉讼。关于本案,下列说法正确的是:
A. 《关于限制道路通行的通告》是具体行政行为
B. 对李某的处罚可适用简易程序
C. 被告是乙区公安分局交警大队和区政府
D. 对李某的监控记录未经审核不得作为证据使用

99． 2019回忆/多
某超市售卖过期变质的酸奶,区市监局对其作出没收酸奶和罚款1万元的处罚决定,但超市逾期不缴纳罚款。对此,下列哪些说法是正确的?
A. 区市监局可以按日加处3%的罚款
B. 区市监局可以拍卖酸奶抵扣罚款
C. 区市监局可以和超市签订执行协议,约定分期缴纳罚款
D. 区市监局作出处罚决定时可以告知超市有申请听证的权利

100． 2011/2/44/单
质监局发现王某生产的饼干涉嫌违法

---

① 原为多选题,根据新法答案有变化,调整为单选题。

· 12 ·

使用添加剂,遂将饼干先行登记保存,期限为1个月。有关质监局的先行登记保存行为,下列哪一说法是正确的?
A. 系对王某的权利义务不产生实质影响的行为
B. 可以由2名执法人员在现场直接作出
C. 采取该行为的前提是证据可能灭失或以后难以取得
D. 登记保存的期限合法

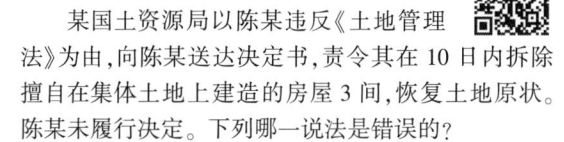

101. 2011/2/48/单
某国土资源局以陈某违反《土地管理法》为由,向陈某送达决定书,责令其在10日内拆除擅自在集体土地上建造的房屋3间,恢复土地原状。陈某未履行决定。下列哪一说法是错误的?
A. 国土资源局的决定书应载明,不服该决定申请行政复议或提起行政诉讼的途径和期限
B. 国土资源局的决定为负担性具体行政行为
C. 因《土地管理法》对起诉期限有特别规定,陈某对决定不服提起诉讼的,应依该期限规定
D. 如陈某不履行决定又未在法定期限内申请复议或起诉的,国土资源局可以自行拆除陈某所建房屋

102. 2009/2/85/多
甲公司将承建的建筑工程承包给无特种作业操作资格证书的邓某,邓某在操作时引发事故。某省建设厅作出暂扣甲公司安全生产许可证三个月的决定,市安全监督管理局对甲公司罚款三万元。甲公司对市安全监督管理局罚款不服,向法院起诉。下列哪些选项是正确的?
A. 如甲公司对某省建设厅的决定也不服,向同一法院起诉的,法院可以决定合并审理
B. 市安全监督管理局不能适用简易程序作出罚款3万元的决定
C. 某省建设厅作出暂扣安全生产许可证决定前,应为甲公司组织听证
D. 因市安全监督管理局的罚款决定违反一事不再罚要求,法院应判决撤销

103. 2017/2/82/多
根据相关法律规定,在行政决定作出前,当事人有权就下列哪些情形要求举行听证?
A. 区工商分局决定对个体户王某销售的价值10万元的假冒他人商标的服装予以扣押
B. 县公安局以非法种植罂粟为由对陈某处以3000元罚款
C. 区环保局责令排放污染物严重的某公司停业整顿
D. 胡某因酒后驾车,被公安交管部门吊销驾驶证

考点17 治安管理处罚

104. 2021 回忆/多
赵某殴打孙某,赵某因故意伤害他人被县公安局给予行政拘留5日并处罚款300元。赵某不服,向法院提起行政诉讼。孙某认为该处罚决定过轻,也向法院提起行政诉讼。下列哪些说法是正确的?
A. 县公安局作出处罚决定前,可以组织听证
B. 应当暂缓执行赵某的行政拘留处罚决定
C. 法院应当合并审理
D. 经审理被诉处罚决定明显不当的,法院可以变更为行政拘留10日并处罚款500元

105. 2019 回忆/多
张三以刻划方式损坏博物馆里的文物,区公安分局决定对其作出拘留15日的处罚。张三对此不服,提起诉讼。下列哪些说法是正确的?
A. 张三的行为属于妨害公共安全的行为
B. 公安分局应当告知张三有申请听证的权利
C. 若张三申请行政复议,应当向区政府提出
D. 张三可以申请暂缓执行行政拘留

106. 2012/2/47/单
经传唤调查,某区公安分局以散布谣言,谎报险情为由,决定对孙某处以15日行政拘留,并处500元罚款。下列哪一选项是正确的?
A. 传唤孙某时,某区公安分局应当将传唤的原因和依据告知孙某
B. 传唤后对孙某的询问查证时间不得超过48小时
C. 孙某对处罚决定不服申请行政复议,应向市公安局申请
D. 如孙某对处罚决定不服直接起诉的,应暂缓执行行政拘留的处罚决定

107. 2011/2/81/多
某区公安分局以沈某收购赃物为由,拟对沈某处以1000元罚款。该分局向沈某送达了听证告知书,告知其可以在3日内提出听证申请,沈某遂提出听证要求。次日,该分局在未进行听证的情况下向沈某送达1000元罚款决定。沈某申请复议。下列哪些说法是正确的?
A. 该分局在作出决定前,应告知沈某处罚的事实、理由和依据
B. 沈某申请复议的期限为60日
C. 该分局不进行听证并不违法
D. 该罚款决定违法

108. 2016/2/45/单
李某多次发送淫秽短信,干扰他人正常

生活,公安机关经调查拟对李某作出行政拘留10日的处罚。关于此处罚决定,下列哪一做法是适当的?
A. 由公安派出所作出
B. 依当场处罚程序作出
C. 应及时通知李某的家属
D. 紧急情况下可以口头方式作出

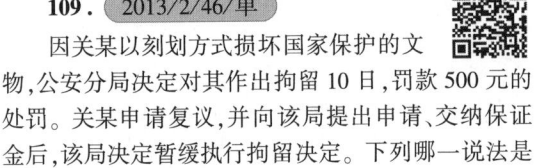

109. 2013/2/46/单
因关某以刻划方式损坏国家保护的文物,公安分局决定对其作出拘留10日、罚款500元的处罚。关某申请复议,并向该局提出申请、交纳保证金后,该局决定暂缓执行拘留决定。下列哪一说法是正确的?
A. 关某的行为属于妨害公共安全的行为
B. 公安分局应告知关某有权要求举行听证
C. 复议机关只能是公安分局的上一级公安机关
D. 如复议机关撤销对关某的处罚,公安分局应当及时将收取的保证金退还关某

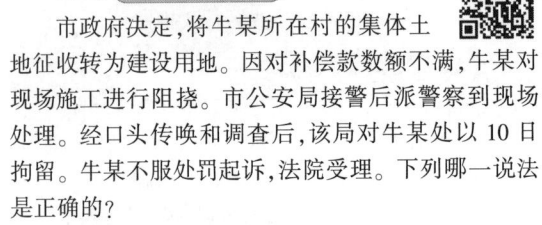

110. 2011/2/46/单
市政府决定,将牛某所在村的集体土地征收转为建设用地。因对补偿款数额不满,牛某对现场施工进行阻挠。市公安局接警后派警察到现场处理。经口头传唤和调查后,该局对牛某处以10日拘留。牛某不服处罚起诉,法院受理。下列哪一说法是正确的?
A. 市公安局警察口头传唤牛某构成违法
B. 牛某在接受询问时要求就被询问事项自行提供书面材料,不予准许
C. 市政府征收土地决定的合法性不属于本案的审查范围
D. 本案不适用变更判决

111. 2010/2/83/多
公安局认定朱某嫖娼,对其拘留15日并处罚款5000元。关于此案,下列哪些说法是正确的?
A. 对朱某的处罚决定书应载明处罚的执行方式和期限
B. 如朱某要求听证,公安局应当及时依法举行听证
C. 朱某有权陈述和申辩,公安局必须充分听取朱某的意见
D. 如朱某对拘留和罚款处罚不服起诉,该案应由公安局所在地的法院管辖

112. 2009/2/88/多
某县公安局接到有人在薛某住所嫖娼的电话举报,遂派员前往检查。警察到达举报现场,敲门未开破门入室,只见薛某一人。薛某拒绝在检查

笔录上签字,警察在笔录上注明这一情况。薛某认为检查行为违法,提起行政诉讼。下列哪些选项是正确的?
A. 某县公安局应当对电话举报进行登记
B. 警察对薛某住所进行检查时不得少于二人
C. 警察对薛某住所进行检查时应当出示工作证件和县级以上政府公安机关开具的检查证明文件
D. 因薛某未在警察制作的检查笔录上签字,该笔录在行政诉讼中不具有证据效力

113. 2014/2/79/多
某公安局以刘某引诱他人吸食毒品为由对其处以15日拘留,并处3000元罚款的处罚。刘某不服,向法院提起行政诉讼。下列哪些说法是正确的?
A. 公安局在作出处罚决定前传唤刘某询问查证,询问查证时间最长不得超过24小时
B. 对刘某的处罚不应当适用听证程序
C. 如刘某为外国人,可以附加适用限期出境
D. 刘某向法院起诉的期限为3个月

114. 2015/2/48/单
公安局以田某等人哄抢一货车上的财物为由,对田某处以15日行政拘留处罚,田某不服申请复议。下列哪一说法是正确的?
A. 田某的行为构成扰乱公共秩序
B. 公安局对田某哄抢的财物应予以登记
C. 公安局对田某传唤后询问查证不得超过12小时
D. 田某申请复议的期限为6个月

115. 2017/2/79/多
某公安派出所以李某放任所饲养的烈性犬恐吓张某为由对李某处以500元罚款。关于该处罚决定,下列哪些说法是正确的?
A. 公安派出所可以自己名义作出决定
B. 可当场作出处罚决定
C. 应将处罚决定书副本抄送张某
D. 如李某不服处罚决定向法院起诉,应以该派出所所属的公安局为被告

专题八 行政强制

考点18 行政强制行为的判定

116. 2021 回忆/多
甲市乙区税务局认定某公司骗取出口退税,遂作出《税务行政处理决定书》,决定追缴其所骗取的税款500万元。该公司拒绝上缴,后乙区税务

局从其公司银行账户中强制扣缴500万元。该公司不服《税务行政处理决定书》，向甲市税务局申请行政复议，甲市税务局作出维持决定。该公司不服，提起行政诉讼。下列哪些说法是正确的？
A. 该公司的复议申请期限为60日
B. 追缴税款的决定属于行政处罚
C. 甲市税务局和乙区税务局为共同被告
D. 强制扣缴属于行政强制执行

117． 2020 回忆/多
下列哪些行为属于行政强制措施？
A. 甲酒后驾车，公安局决定暂扣其驾驶执照6个月
B. 公安局发现乙醉酒影响公共秩序，将其带离现场并约束其至酒醒
C. 市场监督管理局发现丙销售未经检验检疫的猪肉，决定暂扣其未售出的猪肉
D. 税务局认定丁公司涉嫌转移财产逃税，扣押其相当于应缴税款的商品

118． 2013/2/43/单
李某长期吸毒，多次自费戒毒均未成功。某公安局在一次检查中发现后，将李某送至强制隔离戒毒所进行强制隔离戒毒。强制隔离戒毒属于下列哪一性质的行为？
A. 行政处罚
B. 行政强制措施
C. 行政强制执行
D. 行政许可

119． 2012/2/99/任
某交通局在检查中发现张某所驾驶货车无道路运输证，遂扣留了张某驾驶证和车载货物，要求张某缴纳罚款1万元。张某拒绝缴纳，交通局将车载货物拍卖抵缴罚款。下列说法正确的有？
A. 扣留驾驶证的行为为行政强制措施
B. 扣留车载货物的行为为行政强制措施
C. 拍卖车载货物的行为为行政强制措施
D. 拍卖车载货物的行为为行政强制执行

120． 2013/2/97/任
市林业局接到关于孙某毁林采矿的举报，遂致函当地县政府，要求调查。县政府召开专题会议形成会议纪要：由县林业局、矿产资源管理局与安监局负责调查处理。经调查并与孙某沟通，三部门形成处理意见：要求孙某合法开采，如发现有毁林或安全事故，将依法查处。再次接到举报后，三部门共同发出责令孙某立即停止违法开采、对被破坏的生态进行整治的通知。责令孙某立即停止违法开采的性质是：

A. 行政处罚
B. 行政强制措施
C. 行政征收
D. 行政强制执行

121． 2012/2/84/多
规划局认定一公司所建房屋违反规划，向该公司发出《拆除所建房屋通知》，要求公司在15日内拆除房屋。到期后，该公司未拆除所建房屋，该局发出《关于限期拆除所建房屋的通知》，要求公司在10日内自动拆除，否则将依法强制执行。下列哪些说法是正确的？
A.《拆除所建房屋通知》与《关于限期拆除所建房屋的通知》性质不同
B.《关于限期拆除所建房屋的通知》系行政处罚
C. 公司可以对《拆除所建房屋通知》提起行政诉讼
D. 在作出《拆除所建房屋通知》时，规划局可以适用简易程序

122． 2016/2/46/单
下列哪一行政行为不属于行政强制措施？
A. 审计局封存转移会计凭证的被审计单位的有关资料
B. 公安交通执法大队暂扣酒后驾车的贾某机动车驾驶证6个月
C. 税务局扣押某企业价值相当于应纳税款的商品
D. 公安机关对醉酒的王某采取约束性措施至酒醒

123． 2014/2/45/单
某县公安局开展整治非法改装机动车的专项行动，向社会发布通知：禁止改装机动车，发现非法改装机动车的，除依法暂扣行驶证、驾驶证6个月外，机动车所有人须到指定场所学习交通法规5日并出具自行恢复原貌的书面保证，不自行恢复的予以强制恢复。某县公安局依此通知查处10辆机动车，要求其所有人到指定场所学习交通法规5日并出具自行恢复原貌的书面保证。下列哪一说法是正确的？
A. 通知为具体行政行为
B. 要求10名机动车所有人学习交通法规5日的行为为行政指导
C. 通知所指的暂扣行驶证、驾驶证6个月为行政处罚
D. 通知所指的强制恢复为行政强制措施

考点19 行政强制措施

124． 2021 回忆/多
甲市乙区消防救援大队的执法人员在

行政法与行政诉讼法 [试题]

消防监督检查中发现某酒店自动消防设施老旧,不再具备防火灭火功能,不及时整改将严重威胁公共安全,遂根据甲市地方性法规的相关规定对该酒店进行临时查封。该酒店不服,向法院提起行政诉讼。下列哪些说法是正确的?

A. 作出查封决定前,应当告知该酒店经营者可以申请听证
B. 对查封决定不服,应当向乙区政府申请行政复议
C. 该酒店对执法人员的身份合法性有异议的,可以要求执法人员出庭说明
D. 甲市地方性法规有权设定查封

125． 2012/2/48/单

某市质监局发现一公司生产劣质产品,查封了公司的生产厂房和设备,之后决定没收全部劣质产品、罚款10万元。该公司逾期不缴纳罚款。下列哪一选项是错误的?

A. 实施查封时应制作现场笔录
B. 对公司的处罚不能适用简易程序
C. 对公司逾期缴纳罚款,质监局可以每日按罚款数额的3%加处罚款
D. 质监局可以通知该公司的开户银行划拨其存款

126． 2012/2/80/多

某工商局以涉嫌非法销售汽车为由扣押某公司5辆汽车。下列哪些说法是错误的?

A. 工商局可以委托城管执法局实施扣押
B. 工商局扣押汽车的最长期限为90日
C. 对扣押车辆,工商局可以委托第三人保管
D. 对扣押车辆进行检测的费用,由某公司承担

127． 2016/2/82/多

某工商局因陈某擅自设立互联网上网服务营业场所扣押其从事违法经营活动的电脑15台,后作出没收被扣电脑的决定。下列哪些说法是正确的?

A. 工商局应制作并当场交付扣押决定书和扣押清单
B. 因扣押电脑数量较多,作出扣押决定前工商局应告知陈某享有要求听证的权利
C. 对扣押的电脑,工商局不得使用
D. 因扣押行为系过程性行政行为,陈某不能单独对扣押行为提起行政诉讼

128． 2013/2/80/多

某工商分局接举报称肖某超范围经营,经现场调查取证初步认定举报属实,遂扣押与其经营相关物品,制作扣押财物决定及财物清单。关于扣押程序,下列哪些说法是正确的?

A. 扣押时应当通知肖某到场
B. 扣押清单一式二份,由肖某和该工商分局分别保存
C. 对扣押物品发生的合理保管费用,由肖某承担
D. 该工商分局应当妥善保管扣押的物品

129． 2014/2/47/单

某区公安分局以非经许可运输烟花爆竹为由,当场扣押孙某杂货店的烟花爆竹100件。关于此扣押,下列哪一说法是错误的?

A. 执法人员应当在返回该分局后立即向该分局负责人报告并补办批准手续
B. 扣押时应当制作现场笔录
C. 扣押时应当制作并当场交付扣押决定书和清单
D. 扣押应当由某区公安分局具备资格的行政执法人员实施

130． 2015/2/78/多

某公安交管局交通大队民警发现王某驾驶的电动三轮车未悬挂号牌,遂作出扣押的强制措施。关于扣押应遵守的程序,下列哪些说法是正确的?

A. 由两名以上交通大队行政执法人员实施扣押
B. 当场告知王某扣押的理由和依据
C. 当场向王某交付扣押决定书
D. 将三轮车及其车上的物品一并扣押,当场交付扣押清单

131． 2017/2/48/单

某市质监局发现王某开设的超市销售伪劣商品,遂依据《产品质量法》对发现的伪劣商品实施扣押。关于扣押的实施,下列哪一说法是错误的?

A. 因扣押发生的保管费用由王某承担
B. 应制作现场笔录
C. 应制作并当场交付扣押决定书和扣押清单
D. 不得扣押与违法行为无关的财物

考点20 行政强制执行

132． 2023 回忆/单

关于行政管理过程中的收费,下列哪一说法是正确的?

A. 代履行的费用一律由当事人承担
B. 因扣押财物发生的保管费用由当事人承担
C. 行政机关申请法院强制执行时的强制执行费用由被执行人承担
D. 行政机关实施行政许可时依规章规定可以收取费用

133． 2021 回忆/多

某区河务局认定某公司在河滩违法存放工程废土,决定对其罚款10万元。该公司没有在法定期限内申请行政复议或者提起行政诉讼,也没有在指定期限内缴纳罚款。河务局向法院申请强制执行。下列哪些说法是不正确的?

A. 申请法院强制执行前,河务局应当催告该公司履行义务

B. 应当由法院执行庭对罚款决定的合法性进行审查

C. 应当向该公司所在地的基层人民法院申请强制执行

D. 如法院经审查后认为符合执行条件的,应判决准予执行

134． 2019 回忆/多

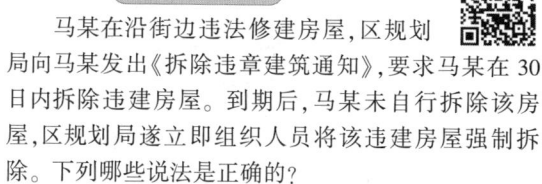

马某在沿街边违法修建房屋,区规划局向马某发出《拆除违章建筑通知》,要求马某在30日内拆除违建房屋。到期后,马某未自行拆除该房屋,区规划局遂立即组织人员将该违建房屋强制拆除。下列哪些说法是正确的?

A. 马某就《拆除违章建筑通知》起诉,法院应当受理本案

B. 区规划局强制拆除的行为违法

C. 《拆除违章建筑通知》的性质为行政指导

D. 就区规划局组织人员强制拆除的行为,马某应先申请行政复议,对复议决定不服才能向法院起诉

135． 2018 回忆/单

区规划局向某电信公司作出了规划许可和建设许可,许可电信公司修建职工宿舍,但电信公司在修建时,超出规划范围,多修筑了1000平方米的地下室,并在地面搭建了500平方米的工棚供职工居住。对此,区规划局应当采取以下哪一做法?

A. 立即组织人员予以强制拆除

B. 要求某电信公司申请补发地下室规划许可证

C. 责令某电信公司限期拆除,并可对其予以罚款

D. 要求某电信公司申请补发临时建筑规划许可证

136． 2008/2/47/多

某市建设委员会以某公司的房屋占压输油、输气管道线为由,作出限期拆除决定,要求某公司自收到决定之日起10日内自行拆除。但某公司逾期未拆除,亦未在法定期限内提起诉讼,某市建设委员会申请法院强制执行。下列哪些选项是错误的?①

A. 若法律、法规赋予某市建设委员会有自行强制执行权,法院即应不受理其申请

B. 某市建设委员会应当向其所在地的法院申请强制执行

C. 接受申请的法院应当在受理申请之日起30日内作出是否准予强制执行的裁定

D. 若在某市建设委员会申请强制执行前,某公司已对限期拆除决定提起诉讼,法院无权在诉讼期间执行拆除决定

137． 2015/2/49/单

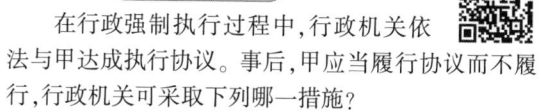

在行政强制执行过程中,行政机关依法与甲达成执行协议。事后,甲应当履行协议而不履行,行政机关可采取下列哪一措施?

A. 申请法院强制执行

B. 恢复强制执行

C. 以甲为被告提起民事诉讼

D. 以甲为被告提起行政诉讼

138． 2017/2/80/多

下列哪些规范无权设定行政强制执行?

A. 法律　　　　B. 行政法规

C. 地方性法规　D. 部门规章

139． 2017/2/81/多

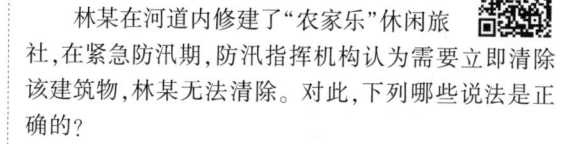

林某在河道内修建了"农家乐"休闲旅社,在紧急防汛期,防汛指挥机构认为需要立即清除该建筑物,林某无法清除。对此,下列哪些说法是正确的?

A. 防汛指挥机构可决定立即实施代履行

B. 如林某提起行政诉讼,防汛指挥机构应暂停强制清除

C. 在法定节假日,防汛指挥机构也可强制清除

D. 防汛指挥机构可与林某签订执行协议约定分阶段清除

专题九　其他行政行为

考点21　行政协议及诉讼

140． 2023 回忆/多

县政府与甲公司签订了征地补偿协议后,迟迟未支付征地补偿金。甲公司向法院提起诉讼,请求法院判令县政府支付补偿金和约定的违约金。对此,下列哪些说法是正确的?

A. 诉讼时效依照《民法典》处理

B. 可以参照《民法典》对民事合同的规定处理本案

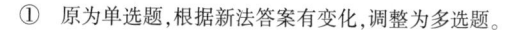

---

① 原为单选题,根据新法答案有变化,调整为多选题。

C. 甲公司应就被告是否履行支付补偿金义务进行举证
D. 法院不能支持给付违约金的主张

141． 2022回忆/单

老张和小张是父子关系，老张是户主。小张以老张的名义与区政府签订了房屋征收补偿协议。后老张以不知情为由向法院提起诉讼，请求确认该协议无效。对此，下列哪一说法是错误的？
A. 若协议约定发生争议后案件由区法院管辖，则该约定内容无效
B. 若协议无效事由在一审法庭辩论终结前消除，法院可驳回原告起诉
C. 法院应当审查区政府签订协议行为的合法性
D. 法院不能通过民事诉讼程序确认协议无效

142． 2021回忆/任

李某房屋位于某拆迁规划范围内，区政府与李某签订《房屋拆迁补偿协议》，约定拆迁补偿款为200万元，后区政府发现对李某房屋补偿面积认定存在重大偏差，导致对李某房屋补偿面积的计算方法有误，补偿安置标准超出其应得补偿标准，遂将协议约定的拆迁补偿款单方变更为150万元。李某不服，提起行政诉讼。下列说法不正确的是：
A. 李某起诉期限适用行政诉讼法及其司法解释关于起诉期限的规定
B. 区政府单方变更拆迁补偿款违反职权法定原则，构成违法
C. 李某应当先申请行政复议才能提起行政诉讼
D. 若李某不履行协议约定的搬迁义务，区政府可以向法院提起反诉

143． 2021回忆/单

某区政府与甲签订《棚户区改造征收补偿协议》，约定协议履行争议可以申请仲裁。后甲以其签署协议受到胁迫为由，诉请法院判决解除该补偿协议。关于本案，下列哪一项说法是正确的？
A. 因存在仲裁条款，法院应裁定不予受理
B. 甲承担解除协议的举证责任
C. 本案不适用调解
D. 因存在仲裁条款，该协议无效

144． 2020回忆/任

为开发统一的数码产品网络电召平台，甲市政府与宝昌股份有限责任公司签订了为期6年的特许经营协议，由宝昌公司开发网络电召平台并提供日常维护，并约定协议期间甲市政府将禁止其他公司单独开发电召平台。2年后，由于政府换届，甲市政府单方提前解除了与宝昌公司的协议。请回答下述(1)(2)两题。

(1)根据上述案例，下列说法正确的是：
A. 对于甲市政府与宝昌公司签订特许经营协议的行为，宝昌公司的竞争对手乙公司可以提起行政诉讼
B. 对于甲市政府单方提前解除协议的行为，宝昌公司可以提起民事诉讼
C. 对于甲市政府单方提前解除协议的行为，宝昌公司应当按照行政诉讼的起诉期起诉
D. 对于甲市政府单方提前解除协议的行为，宝昌公司应当按照民事诉讼的规定缴纳诉讼费用

(2)若宝昌公司对甲市政府解除协议的行为不服，向法院提起行政诉讼，下列说法正确的是：
A. 如果特许经营协议中约定了发生争议由协议订立地法院管辖，可以按照协议的约定确定管辖法院
B. 审理本案可以参照适用相关民事法律规范
C. 如果协议能够继续履行，法院可判决被告继续履行协议
D. 如果协议不能继续履行，法院可判决被告采取相应的补救措施，并对原告的损失予以补偿

考点22 行政给付

145． 2019回忆/多

李某请求民政局向其支付抚恤金，遭民政局拒绝。李某诉至法院，要求判令民政局履行法定职责，同时申请法院先予执行。法院经审理查明，民政局负有给付义务而拒绝履行不符合法律规定。对此，下列哪些说法是正确的？
A. 李某提出先予执行申请时，应提供相应担保
B. 法院应当判决民政局在一定期限内履行相应的给付义务
C. 如果李某未先向行政机关提出申请的，法院应当裁定驳回起诉
D. 如果法院认为给付义务明显不属于民政局权限范围的，可以裁定驳回起诉

专题十 政府信息公开

考点23 政府信息公开

146． 2020回忆/多

某造纸厂超标排污，影响当地居民饮水安全。甲向区生态环境局申请公开造纸厂的环评文件，区生态环境局征求造纸厂意见，造纸厂认为文件中存在大量商业秘密，不同意公开，区生态环境局即以涉及商业秘密为由拒绝公开。下列哪些选项是正确的？
A. 区生态环境局征求造纸厂意见，若造纸厂逾期未答复，则视为同意公开

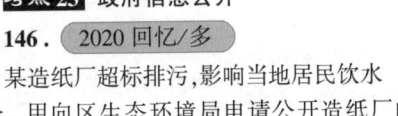

18

B. 区生态环境局拒绝公开违法
C. 对于拒绝决定,甲应当先申请行政复议后才可以再提起行政诉讼
D. 甲申请信息公开时应当提供身份证明

147． 2019 回忆/多
陈某在一个月内连续十次向县政府申请公开防汛信息,县政府均按其申请予以公开。三日后,陈某又向县政府提出公开防汛信息申请,县政府可以采取的正确处理方式有哪些?
A. 可以向陈某收取相应信息处理费用
B. 可以陈某不具有申请人资格为由不予提供
C. 可以陈某此前多次重复申请为由不予处理
D. 可以要求陈某说明理由

148． 2011/2/43/单
刘某系某工厂职工,该厂经区政府批准后改制。刘某向区政府申请公开该厂进行改制的全部档案、拖欠原职工工资如何处理等信息。区政府作出拒绝公开的答复,刘某向法院起诉。下列哪一说法是正确的?
A. 区政府在作出拒绝答复时,应告知刘某并说明理由
B. 刘某向法院起诉的期限为二个月
C. 此案应由区政府所在地的区法院管辖
D. 因刘某与所申请的信息无利害关系,区政府拒绝公开答复是合法的

149． 2008/2/42/多
下列哪些信息是县级和乡(镇)人民政府均应重点主动公开的政府信息?①
A. 征收或征用土地、房屋拆迁及其补偿、补助费用的发放、使用情况
B. 社会公益事项建设情况
C. 政府集中采购项目的目录、标准及实施情况
D. 执行计划生育政策的情况

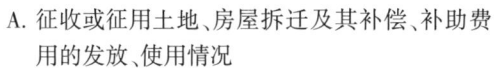

150． 2013/2/45/单 新法改编
田某为在校大学生,以从事研究为由向某工商局提出申请,要求公开该局 2012 年度作出的所有行政处罚决定书,该局拒绝公开。田某不服,向法院起诉。下列哪一项说法是正确的?
A. 因田某不具有申请人资格,拒绝公开合法
B. 因行政处罚决定为重点公开的政府信息,拒绝公开违法
C. 田某应先申请复议再向法院起诉
D. 田某的起诉期限为 6 个月

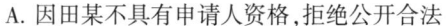

151． 2011/2/79/多
某镇政府主动公开一胎生育证发放情况的信息。下列哪些说法是正确的?
A. 该信息属于镇政府重点公开的信息
B. 镇政府可以通过设立的信息公告栏公开该信息
C. 在无法律、法规或者规章特别规定的情况下,镇政府应当在该信息形成之日起 3 个月内予以公开
D. 镇政府应当及时向公共图书馆提供该信息

152． 2010/2/45/多
区房管局向某公司发放房屋拆迁许可证。被拆迁人王某向区房管局提出申请,要求公开该公司办理拆迁许可证时所提交的建设用地规划许可证,区房管局作出拒绝公开的答复。对此,下列哪些说法是正确的?②
A. 王某提出申请时,应出示有效身份证件
B. 因王某与申请公开的信息无利害关系,拒绝公开是正确的
C. 因区房管局不是所申请信息的制作主体,拒绝公开是正确的
D. 拒绝答复应自收到王某申请之日起 1 个月内作出

153． 2009/2/81/单
2002 年,甲乙两村发生用地争议,某县政府召开协调会并形成会议纪要。2008 年 12 月,甲村一村民向某县政府申请查阅该会议纪要。下列哪一项是正确的?③
A. 该村民可以口头提出申请
B. 因会议纪要形成于《政府信息公开条例》实施前,故不受《条例》规范
C. 因会议纪要不属于政府信息,某县政府可以不予公开
D. 如某县政府提供有关信息,可以向该村民收取检索、复制、邮寄等费用

154． 2014/2/48/多
某乡属企业多年未归还方某借给的资金,双方发生纠纷。方某得知乡政府曾发过 5 号文件和 210 号文件处分了该企业的资产,遂向乡政府递交申请,要求公开两份文件。乡政府不予公开,理由是 5 号文件涉及第三方,且已口头征询其意见,其答复是该文件涉及商业秘密,不同意公开,而 210 号文件不存在。方某向法院起诉。下列哪些说法是正确的?④

---

① 原为单选题,根据新法答案有变化,调整为多选题。
② 原为单选题,根据新法答案有变化,调整为多选题。
③ 原为多选题,根据新法答案有变化,调整为单选题。
④ 原为单选题,根据新法答案有变化,调整为多选题。

A. 方某申请时应当出示有效身份证明或者证明文件
B. 对所申请的政府信息,方某不具有申请人资格
C. 乡政府不公开 5 号文件合法
D. 方某能够提供 210 号文件由乡政府制作的相关线索的,可以申请法院调取证据

155． 2015/2/50/多

某环保公益组织以一企业造成环境污染为由提起环境公益诉讼,后因诉讼需要,向县环保局申请公开该企业的环境影响评价报告、排污许可证信息。环保局以该组织无申请资格和该企业在该县有若干个基地,申请内容不明确为由拒绝公开。下列哪些说法是正确的?①

A. 该组织提出申请时应出示其负责人的有效身份证明
B. 该组织的申请符合根据自身生产、生活、科研等特殊需要要求,环保局认为其无申请资格不成立
C. 对该组织的申请内容是否明确,环保局的认定和处理是正确的
D. 该组织所申请信息属于依法不应当公开的信息

156． 2015/2/79/多

沈某向住建委申请公开一企业向该委提交的某危改项目纳入危改范围的意见和申报材料。该委以信息中有企业联系人联系电话和地址等个人隐私为由拒绝公开,沈某起诉,法院受理。下列哪些说法是正确的?

A. 在作出拒绝公开决定前,住建委无需书面征求企业联系人是否同意公开的意见
B. 本案的起诉期限为 6 个月
C. 住建委应对拒绝公开的根据及履行法定告知和说明理由义务的情况举证
D. 住建委拒绝公开答复合法

157． 2017/2/97/任

某环保联合会对某公司提起环境民事公益诉讼,因在诉讼中需要该公司的相关环保资料,遂向县环保局申请公开该公司的排污许可证、排污口数量和位置等有关环境信息。申请书中载明了单位名称、住所地、联系人及电话并加盖了公章、获取信息的方式等。县环保局收到申请后,要求环保联合会提供申请人身份的证明材料。环保联合会提供了社会团体登记证复印件。县环保局以申请公开的内容不明确为由拒绝公开,该环保联合会遂提起行政诉讼。关于本案的信息公开申请及其处理,下列说法正确的是:

A. 环保联合会可采用数据电文形式提出信息公开
B. 环保联合会不具有提出此信息公开申请的资格
C. 县环保局有权要求环保联合会提供申请人身份的证明材料
D. 县环保局认为申请内容不明确的,应告知环保联合会作出更改、补充

专题十一　行政复议

考点 24　行政复议参加人与行政复议机关

158． 2019 回忆/多

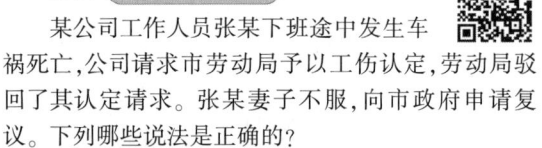

某公司工作人员张某下班途中发生车祸死亡,公司请求市劳动局予以工伤认定,劳动局驳回了其认定请求。张某妻子不服,向市政府申请复议。下列哪些说法是正确的?

A. 工伤认定的性质为行政裁决
B. 张某妻子不具有申请人资格
C. 公司可委托代理人参加行政复议
D. 市政府发现劳动局决定违法,可以制作行政复议意见书

159． 2009/2/45/单

关于行政复议第三人,下列哪一选项是错误的?

A. 第三人可以委托一至二名代理人参加复议
B. 第三人不参加行政复议,不影响复议案件的审理
C. 复议机关应为第三人查阅有关材料提供必要条件
D. 第三人与申请人逾期不起诉又不履行复议决定的强制执行制度不同

160． 2008/2/84/多

为严格本地生猪屠宰市场管理,某县政府以文件形式规定,凡本县所有猪类屠宰单位和个人,须在规定期限内到生猪管理办公室申请办理生猪屠宰证,违者予以警告或罚款。个体户张某未按文件规定申请办理生猪屠宰证,生猪管理办公室予以罚款200元。下列哪些说法是错误的?

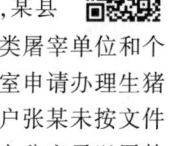

A. 若张某在对罚款不服申请复议时一并对县政府文件提出审查申请,复议机关应当转送有权机关依法处理
B. 某县政府的文件属违法设定许可和处罚,有权机关应依据《行政处罚法》和《行政许可法》

---

① 原为单选题,根据新法答案有变化,调整为多选题。

对相关责任人给予行政处分
C. 生猪管理办公室若以自己名义作出罚款决定,张某申请复议应以其为被申请人
D. 若张某直接向法院起诉,应以某县政府为被告

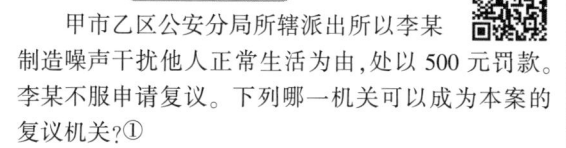

161. 2011/2/84/单
甲市乙区公安分局所辖派出所以李某制造噪声干扰他人正常生活为由,处以500元罚款。李某不服申请复议。下列哪一机关可以成为本案的复议机关?①
A. 乙区公安分局　B. 乙区政府
C. 甲市公安局　　D. 甲市政府

162. 2009/2/98/任 新法改编
2002年底,王某按照县税务局要求缴纳税款12万元。2008年初,王某发现多缴税款2万元。同年7月5日,王某向县税务局提出退税书面申请。7月13日,县税务局向王某送达不予退税决定。王某在复议机关维持县税务局决定后向法院起诉。下列选项正确的是:
A. 复议机关是县税务局的上一级税务局
B. 复议机关应自收到王某复议申请书之日起二个月内作出复议决定
C. 被告为县税务局
D. 是否适用《税收征收管理法》"纳税人自结算缴纳税款之日起三年内发现的,可以向税务机关要求退还多缴的税款"的规定,是本案审理的焦点之一

163. 2014/2/80/多
《反不正当竞争法》规定,当事人对监督检查部门作出的处罚决定不服的,可以自收到处罚决定之日起15日内向上一级主管机关申请复议;对复议决定不服的,可以自收到复议决定书之日起15日内向法院提起诉讼;也可以直接向法院提起诉讼。某县工商局认定某企业利用广告对商品作引人误解的虚假宣传,构成不正当竞争,处10万元罚款。该企业不服,申请复议。下列哪些说法是正确的?
A. 复议机关应当为该工商局的上一级工商局
B. 申请复议期间为15日
C. 如复议机关作出维持决定,该企业向法院起诉,起诉期限为15日
D. 对罚款决定,该企业可以不经复议直接向法院起诉

164. 2014/2/49/多
某区环保局因某新建水电站未报批环境影响评价文件,且已投入生产使用,给予其罚款10万元的处罚。水电站不服,申请复议,复议机关作出

维持处罚的复议决定书。下列哪些说法是正确的?②
A. 复议机关应当为某区政府
B. 如复议期间案件涉及法律适用问题,需要有权机关作出解释,行政复议终止
C. 复议决定书一经送达,即发生法律效力
D. 水电站对复议决定不服向法院起诉,应由复议机关所在地的法院管辖

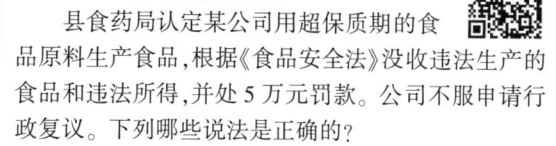

165. 2017/2/84/多
县食药局认定某公司用超保质期的食品原料生产食品,根据《食品安全法》没收违法生产的食品和违法所得,并处5万元罚款。公司不服申请行政复议。下列哪些说法是正确的?
A. 公司可向市食药局申请行政复议,也可向县政府申请行政复议
B. 公司可委托1至2名代理人参加行政复议
C. 公司提出行政复议申请时错列被申请人的,行政复议机构应告知公司变更被申请人
D. 对县食药局的决定,申请行政复议是向法院起诉的必经前置程序

考点25 行政复议的申请与受理

166. 2010/2/48/单
《环境保护法》规定,当事人对行政处罚决定不服,可以在接到处罚通知之日起15日内申请复议,也可以在接到处罚通知之日起15日内直接向法院起诉。某县环保局依据《环境保护法》对违法排污企业作出罚款处罚决定,该企业不服。对此,下列哪一说法是正确的?
A. 如该企业申请复议,申请复议的期限应为60日
B. 如该企业直接起诉,提起诉讼的期限应为3个月
C. 如该企业逾期不缴纳罚款,县环保局可从该企业的银行账户中划拨相应款项
D. 如该企业逾期不缴纳罚款,县环保局可扣押该企业的财产并予以拍卖

167. 2016/2/48/单
某区食品药品监管局以某公司生产经营超过保质期的食品违反《食品安全法》为由,作出处罚决定。公司不服,申请行政复议。关于此案,下列哪一说法是正确的?
A. 申请复议期限为60日
B. 公司不得以电子邮件形式提出复议申请
C. 行政复议机关不能进行调解

---

① 原为多选题,根据新法答案有变化,调整为单选题。
② 原为单选题,根据新法答案有变化,调整为多选题。

D. 公司如在复议决定作出前撤回申请,行政复议中止

考点26 行政复议与行政诉讼的关系

168． 2013/2/83/多

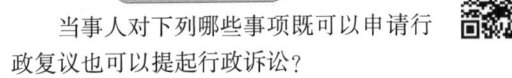

当事人对下列哪些事项既可以申请行政复议也可以提起行政诉讼?
A. 行政机关对民事纠纷的调解
B. 出入境边防检查机关对外国人采取的遣送出境措施
C. 是否征收反倾销税的决定
D. 税务机关作出的处罚决定

169． 2008/2/82/多

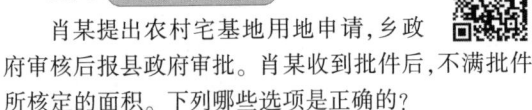

肖某提出农村宅基地用地申请,乡政府审核后报县政府审批。肖某收到批件后,不满批件所核定的面积。下列哪些选项是正确的?
A. 肖某须先申请复议,方能提起行政诉讼
B. 肖某申请行政复议,复议机关为县政府的上一级政府
C. 肖某申请行政复议,应当自签收批件之日起60日内提出复议申请
D. 肖某提起行政诉讼,县政府是被告,乡政府为第三人

170． 2008/2/85/多

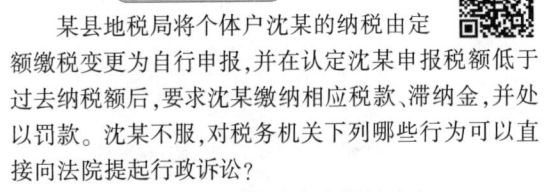

某县地税局将个体户沈某的纳税由定额缴税变更为自行申报,并在认定沈某申报税额低于过去纳税额后,要求沈某缴纳相应税款、滞纳金,并处以罚款。沈某不服,对税务机关下列哪些行为可以直接向法院提起行政诉讼?
A. 由定额缴税变更为自行申报的决定
B. 要求缴纳税款的决定
C. 要求缴纳滞纳金的决定
D. 罚款决定

171． 2005/2/44/单

甲省乙市人民政府决定征用乙市某村全部土地用于建设,甲省人民政府作出了批准乙市在该村征用土地的批复。其后,乙市规划建设局授予丁公司拆迁许可证,决定拆除该村一组住户的房屋。一组住户不服,欲请求救济。下列哪一种说法不正确?
A. 住户对甲省人民政府征用土地的批复不服,应当先申请复议再提起诉讼
B. 住户可以对乙市人民政府征用补偿决定提起诉讼
C. 住户可以对乙市规划建设局授予丁公司拆迁许可证的行为提起诉讼
D. 住户可以请求甲省人民政府撤销乙市规划建设局授予丁公司拆迁许可证的行为

考点27 行政复议的审理

172． 2012/2/49/单

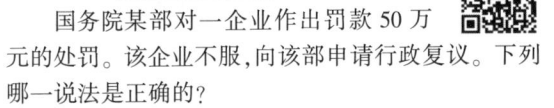

国务院某部对一企业作出罚款50万元的处罚。该企业不服,向该部申请行政复议。下列哪一说法是正确的?
A. 在行政复议中,不应对罚款决定的适当性进行审查
B. 企业委托代理人参加行政复议的,可以口头委托
C. 如在复议过程中企业撤回复议的,即不得再以同一事实和理由提出复议申请
D. 如企业对复议决定不服向国务院申请裁决,企业对国务院的裁决不服向法院起诉的,法院不予受理

173． 2013/2/50/单

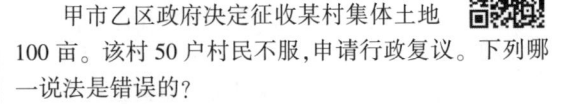

甲市乙区政府决定征收某村集体土地100亩。该村50户村民不服,申请行政复议。下列哪一说法是错误的?
A. 申请复议的期限为30日
B. 村民应推选1至5名代表参加复议
C. 甲市政府为复议机关
D. 如要求申请人补正申请材料,应在收到复议申请之日起5日内书面通知申请人

174． 2017/2/83/多

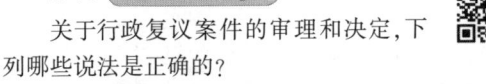

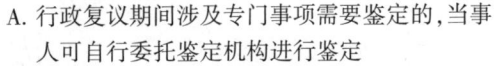

关于行政复议案件的审理和决定,下列哪些说法是正确的?
A. 行政复议期间涉及专门事项需要鉴定的,当事人可自行委托鉴定机构进行鉴定
B. 对重大、复杂的案件,被申请人提出采取听证方式审理的,行政复议机构应采取听证方式审理
C. 申请人在行政复议决定作出前自愿撤回行政复议申请的,经行政复议机构同意,可以撤回
D. 行政复议人员调查取证时应向当事人或者有关人员出示证件

考点28 行政复议决定与执行

175． 2010/2/84/多

关于行政复议有关事项的处理,下列哪些说法是正确的?
A. 申请人因不可抗力不能参加行政复议致行政复议中止满60日的,行政复议终止
B. 复议进行现场勘验的,现场勘验所用时间不计入复议审理期限
C. 申请人对行政拘留不服申请复议,复议期间因申请人同一违法行为涉嫌犯罪,该行政拘留变更为刑事拘留的,行政复议中止

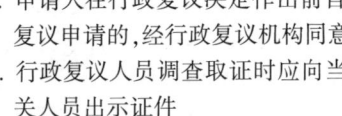

D. 行政复议期间涉及专门事项需要鉴定的,当事人可以自行委托鉴定机构进行鉴定

176. 2008/2/45/单

某县政府依田某申请作出复议决定,撤销某县公安局对田某车辆的错误登记,责令在30日内重新登记,但某县公安局拒绝进行重新登记。田某可以采取下列哪一项措施?

A. 申请法院强制执行
B. 对某县公安局的行为申请行政复议
C. 向法院提起行政诉讼
D. 请求某县政府责令某县公安局登记

177. 市工商局认定豪美公司的行为符合《广告法》第28条第2款第2项规定的"商品或者服务有关的允诺等信息与实际情况不符,对购买行为有实质性影响"情形,属发布虚假广告,予以行政处罚。豪美公司向市政府申请行政复议,市政府受理。

请回答第(1)、(2)题。

(1) 2016/2/97/任 新法改编

关于此案的复议,下列说法正确的是:

A. 豪美公司委托代理人参加复议,应提交授权委托书
B. 应由2名以上行政复议人员参加审理
C. 市政府应为公司查阅有关材料提供必要条件
D. 如处罚决定认定事实不清,证据不足,市政府不得作出变更决定

(2) 2016/2/98/任 新法改编

如市政府在法定期限内不作出复议决定,下列说法正确的是:

A. 有监督权的行政机关可督促市政府加以改正
B. 可对市政府负有责任的领导人员和直接负责人员依法给予警告、记过、记大过的行政处分
C. 豪美公司可向法院起诉要求市政府履行复议职责
D. 豪美公司可针对原处罚决定向法院起诉市工商局

178. 2015/2/80/多 新法改编

某区工商分局对一公司未取得出版物经营许可证销售电子出版物100套的行为,予以取缔,并罚款6000元。该公司向区政府申请复议。下列哪些说法是正确的?

A. 公司可委托代理人代为参加行政复议
B. 在复议过程中区工商分局不得自行向申请人和其他有关组织或个人收集证据
C. 区政府应采取听取当事人意见的方式审查此案
D. 如区工商分局的决定明显不当,区政府应予以撤销

179. 2007/2/48/多

齐某不服市政府对其作出的决定,向省政府申请行政复议,市政府在法定期限内提交了答辩,但没有提交有关证据、依据。开庭时市政府提交了作出行政行为的法律和事实依据,并说明由于市政府办公场所调整,所以延迟提交证据。下列哪些选项是不正确的?①

A. 省政府应接受市政府延期提交的证据材料
B. 省政府应中止案件的审理
C. 省政府应撤销市政府的具体行政行为
D. 省政府应维持市政府的具体行政行为

专题十二 行政诉讼概述

考点29 行政诉讼与民事诉讼的关系

180. 2015/2/81/多

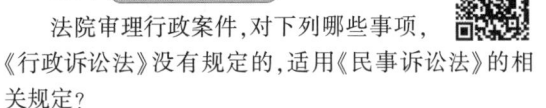

法院审理行政案件,对下列哪些事项,《行政诉讼法》没有规定的,适用《民事诉讼法》的相关规定?

A. 受案范围、管辖
B. 期间、送达、财产保全
C. 开庭审理、调解、中止诉讼
D. 检察院对受理、审理、裁判、执行的监督

181. 2010/2/99/任

张某通过房产经纪公司购买王某一套住房并办理了转让登记手续,后王某以房屋买卖合同无效为由,向法院起诉要求撤销登记行为。行政诉讼过程中,王某又以张某为被告就房屋买卖合同的效力提起民事诉讼。下列选项正确的是:

A. 本案行政诉讼中止,等待民事诉讼的判决结果
B. 法院可以决定民事与行政案件合并审理
C. 如法院判决房屋买卖合同无效,应当判决驳回王某的行政诉讼请求
D. 如法院判决房屋买卖合同有效,应当判决确认转让登记行为合法

考点30 行政附带民事诉讼

182. 2016/2/85/多

甲、乙两村因土地使用权发生争议,县政府裁决使用权归甲村。乙村不服向法院起诉撤销县政府的裁决,并请求法院判定使用权归乙村。关于乙村提出的土地使用权归属请求,下列哪些说法是正确的?

A. 除非有正当理由的,乙村应于第一审开庭审理前提出

---

① 原为单选题,根据新法答案有变化,调整为多选题。

B. 法院作出不予准许决定的,乙村可申请复议一次
C. 法院应单独立案
D. 法院应另行组成合议庭审理

考点31 行政诉讼与刑事诉讼的关系

183． 2006/2/43/单

区工商局以涉嫌虚假宣传为由扣押了王某财产,王某不服诉至法院。在此案的审理过程中,法院发现王某涉嫌受贿犯罪需追究刑事责任。法院的下列哪种做法是正确的?

A. 终止案件审理,将有关材料移送有管辖权的司法机关处理
B. 继续审理,待案件审理终结后,将有关材料移送有管辖权的司法机关处理
C. 中止案件审理,将有关材料移送有管辖权的司法机关处理,待刑事诉讼程序终结后,恢复案件审理
D. 继续审理,将有关材料移送有管辖权的司法机关处理

专题十三 行政诉讼的受案范围

考点32 行政诉讼受案范围

184． 2020/回忆/多

秦某下班路上驾驶摩托车侧翻倒地死亡,交警大队多次调查未查明事故原因。因为交通事故原因客观上无法查清,交警大队出具了《道路交通事故证明》,记载了人员、受伤时间、经过等情况。秦某所供职的玉竹公司向社会保障局申请工伤认定,该局以《道路交通事故证明》未查明原因为由不予认定工伤,出具了《工伤认定中止书》。秦某妻子对《工伤认定中止书》不服提起诉讼,下列哪些说法是正确的?

A. 《道路交通事故证明》为行政裁决
B. 《工伤认定中止书》属于行政诉讼受案范围
C. 秦某妻子起诉时应当附身份证明
D. 玉竹公司可作为本案第三人

185． 2019/回忆/任

甲公司向河水中超标排放污水,区环保局向其送达《限期整改通知》,要求其在规定时间内达标排放。期限届满,经过检测,甲公司排放污水仍然不符合国家标准,于是区环保局对该公司作出《水污染防治设施验收不合格认定书》,后责令该公司停业整顿。甲公司就责令停业整顿提起行政诉讼,对此,下列说法正确的是:

A. 《限期整改通知》属于行政指导,不属于行政诉讼受案范围
B. 《水污染防治设施验收不合格认定书》不属于行政诉讼受案范围
C. 区环保局作出责令停业整顿决定前,应当告知甲公司有申请听证的权利
D. 法院可以作出先予执行裁定

186． 2019/回忆/任

甲去某电信营业厅办理手机入网,被某电信公司收取了定价为50元的SIM卡卡费,甲认为将手机SIM卡定价为50元/张属于违法收费,要求市场监督管理局对该公司进行查处,退还自己被违法收取的50元卡费。市场监督管理局进行调查后答复:"省通管局和省发改委联合下发的《关于电信全业务套餐资费优化方案的批复》规定:SIM卡收费上限标准:入网50元/张。我局非常感谢您对物价工作的支持和帮助。"下列选项正确的是:

A. 甲的行为属于信访行为
B. 市场监督管理局的行为属于对信访问题的复查
C. 若甲对市场监督管理局的答复不服,可以提起行政诉讼
D. 甲可就《关于电信全业务套餐资费优化方案的批复》提起行政诉讼

187． 2012/2/85/多

法院应当受理下列哪些对政府信息公开行为提起的诉讼?

A. 黄某要求市政府提供公开发行的2010年市政府公报,遭拒绝后向法院起诉
B. 某公司认为工商局向李某公开的政府信息侵犯其商业秘密向法院起诉
C. 村民申请乡政府公开财政收支信息,因乡政府拒绝公开向法院起诉
D. 甲市居民高某向乙市政府申请公开该市副市长的兼职情况,乙市政府以其不具有申请人资格为由拒绝公开,高某向法院起诉

188． 2008/2/44/单

下列哪一选项不属于行政诉讼的受案范围?

A. 因某企业排污影响李某的鱼塘,李某要求某环保局履行监督职责,遭拒绝后向法院起诉
B. 某市政府发出通知,要求非本地生产乳制品须经本市技术监督部门检验合格方可在本地销售,违者予以处罚。某外地乳制品企业对通知提起诉讼
C. 刘某与公司签订房屋预售合同,某区房管局对此进行预售预购登记。后刘某了解到某公司向其销售的房屋系超出规划面积和预售面积房屋,遂以某区房管局违法办理登记为由

提起诉讼

D.《公司登记管理条例》规定,设立公司应当先向工商登记管理机关申请名称预先核准。张某对名称预先核准决定不服提起诉讼

189. 2016/2/83/多

对于下列起诉,哪些不属于行政诉讼受案范围?

A. 某公司与县政府签订天然气特许经营协议,双方发生纠纷后该公司以县政府不依法履行协议向法院起诉

B. 环保局干部孙某对定期考核被定为不称职向法院起诉

C. 李某与房屋征收主管部门签订国有土地上的房屋征收补偿安置协议,后李某不履行协议,房屋征收主管部门向法院起诉

D. 县政府发布全县征地补偿安置标准的文件,村民万某以文件确定的补偿标准过低为由向法院起诉

190. 2013/2/98/任

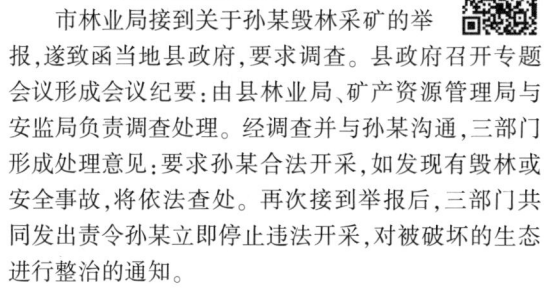

市林业局接到关于孙某毁林采矿的举报,遂致函当地县政府,要求调查。县政府召开专题会议形成会议纪要:由县林业局、矿产资源管理局与安监局负责调查处理。经调查并与孙某沟通,三部门形成处理意见:要求孙某合法开采,如发现有毁林或安全事故,将依法查处。再次接到举报后,三部门共同发出责令孙某立即停止违法开采,对被破坏的生态进行整治的通知。

就上述事件中的行为的属性及是否属于行政诉讼受案范围,下列说法正确的是:

A. 市林业局的致函不具有可诉性
B. 县政府的会议纪要具有可诉性
C. 三部门的处理意见是行政合同行为
D. 三部门的通知具有可诉性

191. 2011/2/80/多

下列当事人提起的诉讼,哪些属于行政诉讼受案范围?

A. 某造纸厂向市水利局申请发放取水许可证,市水利局作出不予许可决定,该厂不服而起诉

B. 食品药品监管局向申请餐饮服务许可证的李某告知补正申请材料的通知,李某认为通知内容违法而起诉

C. 化肥厂附近居民要求环保局提供对该厂排污许可证监督检查记录,遭到拒绝后起诉

D. 某国土资源局以建城市绿化带为由撤回向一公司发放的国有土地使用权证,该公司不服而起诉

192. 2015/2/98/任

下列选项属于行政诉讼受案范围的是:

A. 方某在妻子失踪后向公安局报案要求立案侦查,遭拒绝后向法院起诉确认公安局的行为违法

B. 区房管局以王某不履行双方签订的房屋征收补偿协议为由向法院起诉

C. 某企业以工商局滥用行政权力限制竞争为由向法院起诉

D. 黄某不服市政府发布的征收土地补偿费标准直接向法院起诉

193. 2017/2/49/单

下列哪一选项属于法院行政诉讼的受案范围?

A. 张某对劳动争议仲裁裁决不服向法院起诉的

B. 某外国人对出入境边检机关实施遣送出境措施不服申请行政复议,对复议决定不服向法院起诉的

C. 财政局工作人员李某对定期考核为不称职不服向法院起诉的

D. 某企业对县政府解除与其签订的政府特许经营协议不服向法院起诉的

专题十四　行政诉讼的管辖

考点33 级别管辖

194. 2020 回忆/单

某区市场监督管理局以生产不符合标准的运动服为由对某公司处以罚款6000元,没收违法所得2万元,某公司不服向区政府申请复议,区政府将没收违法所得改为1万元后,维持了其他处罚。某公司不服提起诉讼。下列哪一说法是正确的?

A. 本案被告是区市场监督管理局
B. 本案可以由区市场监督管理局所在地的中院管辖
C. 没收违法所得是行为罚
D. 如果该公司拒绝缴纳罚款,区市场监督管理局可对其加处罚款,但加处罚款的标准要告知公司

195. 2011/2/100/任

甲县政府设立的临时机构基础设施建设指挥部,认定有10户居民的小区自建的围墙及附属房系违法建筑,指令乙镇政府具体负责强制拆除。10户居民对此决定不服起诉。下列说法正确的是:

A. 本案被告为乙镇政府

B. 本案应由中级法院管辖
C. 如10户居民在指定期限内未选定诉讼代表人的,法院可以依职权指定
D. 如10户居民对此决定申请复议,复议机关为甲县政府

196． 2016/2/49/单
某区卫计局以董某擅自开展诊疗活动为由作出没收其违法诊疗工具并处5万元罚款的处罚。董某向区政府申请复议,区政府维持了原处罚决定。董某向法院起诉。下列哪一说法是正确的?
A. 如董某只起诉区卫计局,法院应追加区政府为第三人
B. 本案应以区政府确定案件的级别管辖
C. 本案可由区卫计局所在地的法院管辖
D. 法院应对原处罚决定和复议决定进行合法性审查,但不对复议决定作出判决

考点34 地域管辖

197． 2022回忆/多
县公安局发现陈某吸毒,决定对陈某施行强制隔离戒毒。陈某不服,在强制隔离戒毒期间提起行政诉讼。下列哪些说法是正确的?
A. 强制隔离戒毒是行政强制执行
B. 强制隔离戒毒只能由法律设定
C. 陈某可以口头委托其近亲属以陈某名义提起行政诉讼
D. 陈某经常居住地法院对本案有管辖权

198． 2012/2/79/多
甲县宋某到乙县访亲,因醉酒被乙县公安局扣留24小时。宋某认为乙县公安局的行为违法,提起行政诉讼。下列哪些说法是正确的?
A. 扣留宋某的行为为行政处罚
B. 甲县法院对此案有管辖权
C. 乙县法院对此案有管辖权
D. 宋某的亲戚为本案的第三人

199． 2009/2/86/多
黄某与张某之妻发生口角,被张某打成轻微伤。某区公安分局决定对张某拘留五日。黄某认为处罚过轻遂向法院起诉,法院予以受理。下列哪些选项是正确的?
A. 某区公安分局在给予张某拘留处罚后,应及时通知其家属
B. 张某之妻为本案的第三人
C. 本案既可以由某区公安分局所在地的法院管辖,也可以由黄某所在地的法院管辖
D. 张某不符合申请暂缓执行拘留的条件

200． 2008/2/83/单
A市李某驾车送人前往B市,在B市甲区与乙区居民范某的车相撞,并将后者打伤。B市甲区公安分局决定扣留李某的汽车,对其拘留5日并处罚款300元。下列哪一选项是正确的?①
A. 李某可向B市公安局申请行政复议
B. 对扣留汽车行为,李某可向甲区人民法院起诉
C. 李某应先申请复议,方能提起行政诉讼
D. 范某可向乙区人民法院起诉

201． 2007/2/39/单
甲、乙两村分别位于某市两县境内,因土地权属纠纷向市政府申请解决。市政府裁决争议土地属于甲村所有。乙村不服,向省政府申请复议,复议机关确认争议的土地属于乙村所有。甲村不服行政复议决定,提起行政诉讼。下列哪个法院对本案有管辖权?
A. 争议土地所在地的基层人民法院
B. 争议土地所在地的中级人民法院
C. 市政府所在地的基层人民法院
D. 省政府所在地的中级人民法

专题十五 行政诉讼参加人

考点35 行政诉讼的原告

202． 2012/2/46/单
经王某请求,国家专利复审机构宣告授予李某的专利权无效,并于2011年5月20日向李某送达决定书。6月10日李某因交通意外死亡。李某妻子不服决定,向法院提起行政诉讼。下列哪一说法是正确的?
A. 李某妻子应以李某代理人身份起诉
B. 法院应当通知王某作为第三人参加诉讼
C. 本案原告的起诉期限为60日
D. 本案原告应先申请行政复议再起诉

203． 2013/2/82/多
一公司为股份制企业,认为行政机关作出的决定侵犯企业经营自主权,下列哪些主体有权以该公司的名义提起行政诉讼?
A. 股东　　　　B. 股东大会
C. 股东代表大会　D. 董事会

204． 2009/2/47/单
某市工商局发现,某中外合资游戏软件开发公司生产的一种软件带有暴力和色情内容,决

---
① 原为多选题,根据新法答案有变化,调整为单选题。

定没收该软件,并对该公司处以三万元罚款。中方投资者接受处罚,但外方投资者认为处罚决定既损害公司的利益也侵害自己的权益,向法院提起行政诉讼。下列哪一选项是正确的?
A. 外方投资者只能以合资公司的名义起诉
B. 外方投资者可以自己的名义起诉
C. 法院受理外方投资者起诉后,应追加未起诉的中方投资者为共同原告
D. 外方投资者只能以保护自己的权益为由提起诉讼

205. 2008/2/86/多
甲厂是某市建筑装潢公司下属的独立核算的集体企业,2007 年 1 月某市建筑装潢公司经批准与甲厂脱离隶属关系。2007 年 4 月,行政机关下达文件批准某市建筑装潢公司的申请,将甲厂并入另一家集体企业乙厂。对此行为,下列何者有权向法院起诉?
A. 甲厂
B. 乙厂
C. 甲厂法定代表人
D. 乙厂法定代表人

206. 2008/2/100/任
甲公司与乙公司开办中外合资企业丙公司,经营房地产。因急需周转资金,丙公司与某典当行签订合同,以某宗国有土地作抵押贷款。典当期满后,丙公司未按约定回赎,某典当行遂与丁公司签订协议,将土地的使用权出售给丁公司。经丁公司申请,2001 年 4 月 17 日市国土局的派出机构办理土地权属变更登记。丙公司未参与变更土地登记过程。2008 年 3 月 3 日甲公司查询土地抵押登记情况,得知该土地使用权已变更至丁公司名下。甲公司对变更土地登记行为不服向法院起诉。下列说法正确的是:
A. 甲公司有权以自己的名义起诉
B. 若丙公司对变更土地登记行为不服,应当自 2008 年 3 月 3 日起 3 个月内起诉
C. 丙公司与某典当行签订的合同是否合法,是本案的审理对象
D. 对市国土局与派出机构之间的关系性质,法院可以依法调取证据

207. 2007/2/40/多
甲市政府批复同意本市乙区政府征用乙区某村丙小组非耕地 63 亩,并将其中 48 亩使用权出让给某公司用于建设商城。该村丙小组袁某等村民认为,征地中有袁某等 32 户村民的责任田 32 亩,区政府虽以耕地标准进行补偿但以非耕地报批的做法违法,遂向法院提起行政诉讼。下列哪些选项是正确的?
A. 袁某等 32 户村民可以以某村丙小组的名义起诉
B. 袁某等 32 户村民可以以自己名义起诉
C. 应当以乙区人民政府为被告
D. 法院经审理如果发现征地批复违法,应当判决撤销

考点36 行政诉讼的被告

208. 2022 回忆/任
甲公司在生产经营中存在用非食品原料生产食品的违法行为,某县市场监督管理局对其作出没收用于违法生产经营的非食品原料和违法所得,并罚款 10 万元的行政处罚。甲公司不服向县政府申请复议,县政府将罚款改为 8 万元后,维持其他处罚。甲公司不服提起诉讼。下列说法错误的是:
A. 本案被告是县市场监督管理局
B. 本案可以由县市场监督管理局所在地的中级法院管辖
C. 没收违法生产经营的非食品原料是行为罚
D. 如果甲公司以县政府为被告提起诉讼且拒绝追加被告,法院应当追加县市场监督管理局为共同被告

209. 2020 回忆/单
甲县政府认为某广告公司在高速公路设置的广告牌妨碍视线,责令其限期拆除,广告公司逾期未拆除,甲县乙镇政府自行组织人员拆除了广告牌。广告公司将甲县政府诉至法院,要求确认强制拆除行为违法。对此,下列哪一项说法是正确的?
A. 法院应当通知乙镇政府作为第三人参加诉讼
B. 法院应当通知广告公司变更乙镇政府作为被告
C. 法院应当将乙镇政府追加为共同被告
D. 若拆除行为违法,广告公司提出赔偿请求的,法院应当进行调解,调解不成的,告知就赔偿事项另行起诉

210. 2019 回忆/多
甲为区城管局工作人员,在执法过程中与商贩乙发生肢体冲突,将乙打成轻微伤。区公安局对甲作出拘留 5 天、罚款 500 元的处罚决定。甲向区政府申请复议,区政府认为甲打伤乙属于职务行为,遂撤销了区公安局的处罚决定。乙不服,提起诉讼。下列哪些选项是正确的?
A. 本案争议焦点是甲的行为是否属于职务行为
B. 被告可就打人一事提起反诉
C. 本案被告是区政府
D. 乙可以成为第三人

211. 2012/2/97/任 新法改编

某药厂以本厂过期药品作为主原料,更改生产日期和批号生产出售。甲市乙县药监局以该厂违反《药品管理法》第49条第1款关于违法生产药品规定,决定没收药品并处罚款20万元。药厂不服向县政府申请复议,县政府依《药品管理法》第49条第3款关于生产劣药行为的规定,决定维持处罚决定。药厂起诉。关于本案的被告和管辖,下列说法正确的是:

A. 被告为乙县药监局和乙县政府,由乙县法院管辖
B. 被告为乙县药监局和乙县政府,甲市中级法院对此案有管辖权
C. 被告为乙县政府,乙县法院对此案有管辖权
D. 被告为乙县政府,由甲市中级法院管辖

212. 2013/2/100/任

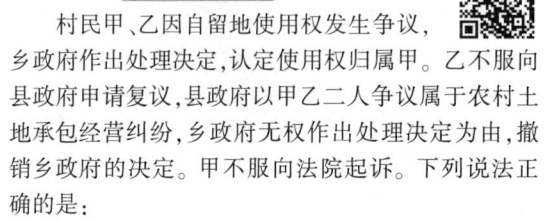

村民甲、乙因自留地使用权发生争议,乡政府作出处理决定,认定使用权归属甲。乙不服向县政府申请复议,县政府以甲乙二人争议属于农村土地承包经营纠纷,乡政府无权作出处理决定为由,撤销乡政府的决定。甲不服向法院起诉。下列说法正确的是:

A. 县政府撤销乡政府决定的同时应当确定系争土地权属
B. 甲的代理人的授权委托书应当载明委托事项和具体权限
C. 本案被告为县政府
D. 乙与乡政府为本案的第三人

213. 2010/2/86/任

县计生委认定孙某违法生育第二胎,决定对孙某征收社会抚养费40000元。孙某向县政府申请复议,要求撤销该决定。县政府维持该决定,并在征收总额中补充列入遗漏的3000元未婚生育社会抚养费。孙某不服,向法院起诉。下列哪些选项是正确的?

A. 此案的被告应为县计生委与县政府
B. 此案应由中级法院管辖
C. 此案的复议决定违法
D. 被告应当在收到起诉状副本之日起10日内提交答辩状

214. 2007/2/44/单

某派出所以扰乱公共秩序为由扣押了高某的拖拉机。高某不服,以派出所为被告提起行政诉讼。诉讼中,法院认为被告应是县公安局,要求变更被告,高某不同意。法院下列哪种做法是正确的?

A. 以派出所为被告继续审理本案

B. 以县公安局为被告审理本案
C. 裁定驳回起诉
D. 裁定终结诉讼

考点 37 行政诉讼第三人

215. 2012/2/82/多

村民甲带领乙、丙等人,与造纸厂协商污染赔偿问题。因对提出的赔偿方案不满,甲、丙等人阻止生产,将工人李某打伤。公安局接该厂厂长举报,经调查后决定对甲拘留15日、乙拘留5日,对其他人未作处罚。甲向法院提起行政诉讼,法院受理。下列哪些人员不能成为本案的第三人?

A. 丙　　　　B. 乙
C. 李某　　　D. 造纸厂厂长

216. 2009/2/46/多 新法改编

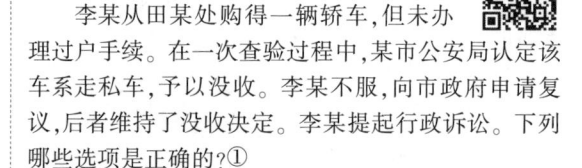

李某从田某处购得一辆轿车,但未办理过户手续。在一次查验过程中,某市公安局认定该车系走私车,予以没收。李某不服,向市政府申请复议,后者维持了没收决定。李某提起行政诉讼。下列哪些选项是正确的?①

A. 市政府为本案的被告
B. 田某不能成为本案的第三人
C. 市公安局所在地的法院对本案有管辖权
D. 市政府所在地的法院对本案有管辖权

217. 2009/2/84/多

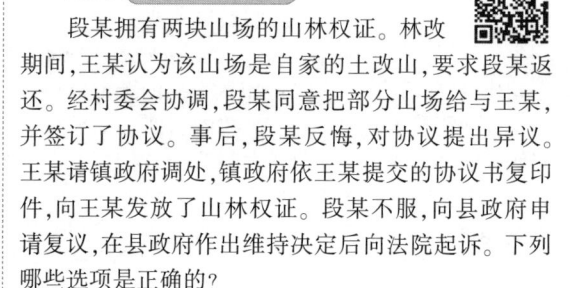

段某拥有两块山场的山林权证。林改期间,王某认为该山场是自家的土改山,要求段某返还。经村委会协调,段某同意把部分山场给与王某,并签订了协议。事后,段某反悔,对协议提出异议。王某请镇政府调处,镇政府依王某提交的协议书复印件,向王某发放了山林权证。段某不服,向县政府申请复议,在县政府作出维持决定后向法院起诉。下列哪些选项是正确的?

A. 对镇政府的行为,段某不能直接向法院提起行政诉讼
B. 县政府为本案第三人
C. 如当事人未能提供协议书原件,法院不能以协议书复印件单独作为定案依据
D. 如段某与王某在诉讼中达成新的协议,可视为本案被诉具体行政行为发生改变

218. 2007/2/80/单

区城乡建设局批复同意某银行住宅楼选址,并向其颁发许可证。拟建的住宅楼与张某等

① 原为单选题,根据新法答案有变化,调整为多选题。

120户居民居住的住宅楼间距为9.45米。张某等20人认为该批准行为违反了国家有关规定,向法院提起了行政诉讼。对此,下列哪一选项是错误的?①
A. 因该批准行为涉及张某等人相邻权,故张某等人有权提起行政诉讼
B. 张某等20户居民应当推选2至5名诉讼代表人参加诉讼
C. 法院可以通知未起诉的100户居民作为第三人参加诉讼
D. 张某等20户居民应当提供符合法定起诉条件的证据材料

专题十六 行政诉讼程序

考点38 行政诉讼的提起

219． 2014/2/84/单

2009年3月15日,严某向某市房管局递交出让方为郭某(严某之母)、受让方为严某的房产交易申请表以及相关材料。4月20日,该局向严某核发房屋所有权证。后因家庭纠纷郭某想出售该房产时发现房产已不在名下,于2013年12月5日以该局为被告提起诉讼,要求撤销向严某核发的房屋所有权证,并给自己核发新证。一审法院判决维持被诉行为,郭某提出上诉。下列哪一项说法是正确的?②
A. 本案的起诉期限为2年
B. 本案的起诉期限从2009年4月20日起算
C. 如诉讼中郭某解除对诉讼代理人的委托,在其书面报告法院后,法院应当通知其他当事人
D. 第二审法院应对一审法院的裁判和被诉具体行政行为是否合法进行全面审查

220． 2017/2/98/任 新法改编

某环保联合会对某公司提起环境民事公益诉讼,因在诉讼中需要该公司的相关环保资料,遂向县环保局提出申请公开该公司的排污许可证、排污口数量和位置等有关环境信息。申请书中载明了单位名称、住所地、联系人及电话并加盖了公章、获取信息的方式等。县环保局收到申请后,要求环保联合会提供申请人身份的证明材料。环保联合会提供了社会团体登记证复印件。县环保局以申请公开的内容不明确为由拒绝公开,环保联合会不服,向县政府申请复议,县政府予以维持,该环保联合会遂提起行政诉讼。

关于本案的起诉,下列说法正确的是:
A. 本案由县环保局所在地法院或者环保联合会所在地的法院管辖
B. 起诉期限为6个月

C. 如法院当场不能判定起诉是否符合条件的,应接受起诉状,出具注明收到日期的书面凭证,并在7日内决定是否立案
D. 如法院当场不能判定起诉是否符合条件,经7日内仍不能作出判断的,应裁定暂缓立案

考点39 行政诉讼的受理

221． 2009/2/100/任 新法改编

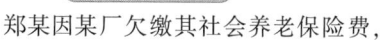

郑某因某厂欠缴其社会养老保险费,向区社保局投诉。2004年9月22日,该局向该厂送达《决定书》,要求为郑某缴纳养老保险费1万元。同月30日,该局向郑某送达告知书,称其举报一事属实,并要求他缴纳养老保险费(个人缴纳部分)2000元。郑某不服区社保局的《决定书》向法院起诉,法院的生效判决未支持郑某的请求。2005年4月19日,郑某不服告知书向区政府申请复议,后者作出不予受理决定,郑某不服提起诉讼。下列选项正确的是:
A. 郑某向区政府提出的复议申请已超过申请期限
B. 区政府所在地的法院对本案有管辖权
C. 郑某的起诉属重复起诉
D. 如郑某对告知书不服直接向法院起诉,法院可以被诉行为系重复处理行为为由不受理郑某的起诉

222． 2010/2/100/任

2006年5月9日,县公安局以甲偷开乙的轿车为由,向其送达1000元罚款的处罚决定书。甲不服,于同月19日向县政府申请行政复议。6月8日,复议机关同意甲撤回复议申请。6月20日,甲就该处罚决定向法院提起行政诉讼。下列说法正确的是:
A. 对甲偷开的轿车县公安局可以扣押
B. 如甲能够证明撤回复议申请违背其真实意思表示,可以同一事实和理由再次对该处罚决定提出复议申请
C. 甲逾期不缴纳1000元罚款,县公安局可以每日按罚款数额的3%加处罚款
D. 法院不应当受理甲的起诉

223． 2017/2/42/单

李某和钱某参加省教委组织的"省中小学教师自学考试",后省教委以"通报"形式,对李某、钱某等4名作弊考生进行了处理,并通知当次考试各科成绩作废,3年之内不准报考。李某、钱某等均得知该通报内容。李某向省政府递交了行政复议申

---

① 原为多选题,根据新法答案有变化,调整为单选题。
② 原为多选题,根据新法答案有变化,调整为单选题。

请书,省政府未予答复。李某诉至法院。下列哪一选项是错误的?

A. 法院应当受理李某对通报不服提起的诉讼
B. 李某对省教委提起诉讼后,法院可以通知钱某作为第三人参加诉讼
C. 法院应当受理李某对省政府不予答复行为提起的诉讼
D. 钱某在诉讼程序中提供的、被告在行政程序中未作为处理依据的证据可以作为认定被诉处理决定合法的依据

考点40 第一审普通程序

224. 2006/2/83/多

1997 年沈某取得一房屋的房产证。2001 年 5 月其儿媳李某以委托代理人身份到某市房管局办理换证事宜,在申请书一栏中填写"房屋为沈某、沈某某(沈某的儿子)共有",但沈某后领取的房产证中在共有人一栏空白。2005 年沈某将此房屋卖给赵某,并到某市房管局办理了房屋转移登记手续,赵某领取了房产证。沈某某以他是该房屋的共有人为由向某市人民政府申请复议,某市人民政府以房屋转移登记事实不清撤销了房屋登记。赵某和沈某不服,向法院提起行政诉讼。下列哪些说法是正确的?

A. 沈某某和李某为本案的第三人
B. 某市房管局办理此房屋转移登记行为是否合法不属本案的审查对象
C. 某市房管局为沈某办理换证行为是否合法不属本案的审查对象
D. 李某是否有委托代理权是法院审理本案的核心

考点41 行政诉讼简易程序

225. 2023 回忆/单

某区市场监管局以个体户周某销售不合格食品为由,对其作出罚款 2000 元的决定。周某未在法定期限内到指定银行缴纳罚款,且向区政府申请行政复议,区政府作出复议维持决定。周某以区市场监管局为被告向法院提起诉讼,法院通知周某追加区政府为被告,周某不同意。对此,下列哪一说法是正确的?

A. 法院应当将区政府列为第三人
B. 法院可以适用简易程序审理本案
C. 由区市场监管局对罚款行为的合法性承担举证责任
D. 诉讼期间对周某的加处罚款连续计算

226. 2022 回忆/多

李某向市国土局申请公开其房屋所在区域土地进行征收的相关政府信息,但市国土局超过法定期限未予公开。李某向市政府申请复议,市政府认为相关内容涉密,决定不予公开。李某不服复议决定,提起诉讼,法院适用简易程序对本案进行了审理。下列哪些选项是正确的?

A. 如果当事人双方协商举证期限的,法院应当适用其协商的期限
B. 法院可以短信方式送达裁判文书
C. 法院可以通过电话传唤当事人到庭参加诉讼
D. 若李某对市国土局未予公开政府信息的行为直接提起诉讼,法院应当不予受理

227. 2017/2/99/任

某环保联合会对某公司提起环境民事公益诉讼,因在诉讼中需要该公司的相关环保资料,遂向县环保局提出申请公开该公司的排污许可证、排污口数量和位置等有关环境信息。申请书中载明了单位名称、住所地、联系人及电话并加盖了公章、获取信息的方式等。县环保局收到申请后,要求环保联合会提供申请人身份的证明材料。环保联合会提供了社会团体登记证复印件。县环保局以申请公开的内容不明确为由拒绝公开,该环保联合会遂提起行政诉讼。

若法院受理此案,关于此案的审理,下列说法正确的是:

A. 法院审理第一审行政案件,当事人各方同意适用简易程序的,可适用简易程序
B. 县环保局负责人出庭应诉的,可另委托 1 至 2 名诉讼代理人
C. 县环保局应当对拒绝的根据及履行法定告知和说明理由义务的情况举证
D. 法院应要求环保联合会对其所申请的信息与其自身生产、生活、科研等需要的相关性进行举证

228. 2016/2/84/多

交警大队以方某闯红灯为由当场处以 50 元罚款,方某不服起诉。法院适用简易程序审理。关于简易程序,下列哪些说法是正确的?

A. 由审判员一人独任审理
B. 法院应在立案之日起 30 日内审结,有特殊情况需延长的经批准可延长
C. 法院在审理过程中发现不宜适用简易程序的,裁定转为普通程序
D. 对适用简易程序作出的判决,当事人不得提出上诉

229. 2016/2/47/单

甲公司与乙公司发生纠纷向工商局申

请公开乙公司的工商登记信息。该局公开了乙公司的名称、注册号、住所、法定代表人等基本信息，但对经营范围、从业人数、注册资本等信息拒绝公开。甲公司向法院起诉，法院受理。关于此事，下列哪一说法是正确的？

A. 甲公司应先向工商局的上一级工商局申请复议，对复议决定不服再向法院起诉
B. 工商局应当对拒绝公开的依据以及履行法定告知和说明理由义务的情况举证
C. 本案审理不适用简易程序
D. 因相关信息不属政府信息，拒绝公开合法

专题十七 行政诉讼证据

考点42 举证责任

230．2022 回忆/任

镇政府趁姜某不在家时，在夜间对姜某违章修建的房屋进行了强制拆除。姜某起诉要求法院确认强制拆除行为违法，并赔偿房屋内物品的损失。姜某提供了过路村民卢某的证言，证明房屋是在夜间被强制拆除的。镇政府提供了工作人员谢某的证言，证明房屋不是夜间被拆除的。以下说法正确的是：

A. 卢某的证言优于谢某的证言
B. 姜某应对自己的损失承担举证责任
C. 姜某的房屋是违章建筑，镇政府不需要赔偿姜某损失
D. 如果强制拆除行为违法，法院应当予以撤销

231．2012/2/81/多

田某认为区人社局记载有关他的社会保障信息有误，要求更正，该局拒绝。田某向法院起诉。下列哪些说法是正确的？

A. 田某应先申请行政复议再向法院起诉
B. 区人社局应对拒绝更正的理由进行举证和说明
C. 田某应提供区人社局记载有关他的社会保障信息有误的事实根据
D. 法院应判决区人社局在一定期限内更正

232．2010/2/89/多

市城管执法局委托镇政府负责对一风景区域进行城管执法。镇政府接到举报并经现场勘验，认定刘某擅自建房并组织强制拆除。刘某父亲和嫂子称房屋系二人共建，拆除行为侵犯合法权益，向法院起诉，法院予以受理。关于此案，下列哪些说法是正确的？

A. 此案的被告是镇政府

B. 刘某父亲和嫂子应当提供证据证明房屋为二人共建或与拆除行为有利害关系
C. 如法院对拆除房屋进行现场勘验，应当邀请当地基层组织或当事人所在单位派人参加
D. 被告应当提供证据和依据证明有拆除房屋的决定权和强制执行的权力

233．2012/2/98/任

某药厂以本厂过期药品作为主原料，更改生产日期和批号生产出售。甲市乙县药监局以该厂违反《药品管理法》第49条第1款关于违法生产药品规定，决定没收药品并处罚款20万元。药厂不服向县政府申请复议，县政府依《药品管理法》第49条第3款关于生产劣药行为的规定，决定维持处罚决定。药厂起诉。关于本案的举证与审理裁判，下列说法正确的有：

A. 法院应对被诉行政行为和药厂的行为是否合法一并审理和裁判
B. 药厂提供的证明被诉行政行为违法的证据不成立的，不能免除被告对被诉行政行为合法性的举证责任
C. 如在本案庭审过程中，药厂要求证人出庭作证的，法院不予准许
D. 法院对本案的裁判，应当以证据证明的案件事实为依据

考点43 证据的种类及提供证据的要求

234．2014/2/98/任

经夏某申请，某县社保局作出认定，夏某晚上下班途中驾驶摩托车与行人发生交通事故受重伤，属于工伤。夏某供职的公司认为其发生交通事故系醉酒所致，向法院起诉要求撤销认定。某县社保局向法院提交了公安局交警大队交通事故认定书、夏某住院的病案和夏某同事孙某的证言。下列说法正确的是：

A. 夏某为本案的第三人
B. 某县社保局提供的证据均系书证
C. 法院对夏某住院的病案是否为原件的审查，系对证据真实性的审查
D. 如有证据证明交通事故系夏某醉酒所致，法院应判决撤销某县社保局的认定

235．2007/2/84/多

县烟草专卖局发现刘某销售某品牌外国香烟，执法人员表明了自己的身份，并制作了现场笔录。因刘某拒绝签名，随行电视台记者张某作为见证人在笔录上签名，该局当场制作《行政处罚决定书》，没收15条外国香烟。刘某不服该决定，提起行政诉讼。诉讼中，县烟草专卖局向法院提交了现场笔

录、县电视台拍摄的现场录像、张某的证词。下列哪些选项是正确的？
A. 现场录像应当提供原始载体
B. 张某的证词有张某的签字后，即可作为证人证言使用
C. 现场笔录必须有执法人员和刘某的签名
D. 法院收到县烟草专卖局提供的证据应当出具收据，由经办人员签名或盖章

考点44 证据的保全

236. 2009/2/87/多
许某与汤某系夫妻，婚后许某精神失常。二人提出离婚，某县民政局准予离婚。许某之兄认为许某为无民事行为能力人，县民政局准予离婚行为违法，遂提起行政诉讼。县民政局向法院提交了县医院对许某作出的间歇性精神病的鉴定结论。许某之兄申请法院重新进行鉴定。下列哪些选项是正确的？
A. 原告需对县民政局准予离婚行为违法承担举证责任
B. 鉴定结论应有鉴定人的签名和鉴定部门的盖章
C. 当事人申请法院重新鉴定可以口头提出
D. 当事人申请法院重新鉴定应当在举证期限内提出

237. 2007/2/45/单
关于行政诉讼中的证据保全申请，下列哪一选项是正确的？
A. 应当在第一次开庭前以书面形式提出
B. 应当在举证期限届满前以书面形式提出
C. 应当在举证期限届满前以口头形式提出
D. 应当在第一次开庭前以口头形式提出

考点45 质证及证据的审核认定

238. 2008/2/50/单
某区城管执法局以甲工厂的房屋建筑违法为由强行拆除，拆除行为被认定违法后，甲工厂要求某区城管执法局予以赔偿，遭到拒绝后向法院起诉。甲工厂除提供证据证明房屋损失外，还提供了甲工厂工人刘某与当地居民谢某的证言，以证明房屋被拆除时，房屋有办公用品、机械设备未搬出，应予赔偿。某区城管执法局提交了甲工厂工人李某和执法人员张某的证言，以证明房屋内没有物品。下列哪一选项是正确的？
A. 法院不能因李某为甲工厂工人而不采信其证言
B. 法院收到甲工厂提交的证据材料，应当出具收据，由经办人员签名并加盖法院印章
C. 张某的证言优于谢某的证言
D. 在庭审过程中，甲工厂要求刘某出庭作证，法院应不予准许

239. 2008/2/89/多
某市卫生局经调查取证，认定某公司实施了未经许可擅自采集血液的行为，依据有关法律和相关规定，决定取缔该公司非法采集血液的行为，同时没收5只液氮生物容器。下列哪些说法是正确的？
A. 市卫生局在调查时，执法人员不得少于两人，并应当向当事人出示证件
B. 若市卫生局当场作出决定，某公司不服申请复议的期限应自决定作出之日计算
C. 若某公司起诉，市卫生局向法院提供的现场笔录的效力，优于某公司的证人对现场的描述
D. 没收5只液氮生物容器属于保全措施

240. 2015/2/84/多
梁某酒后将邻居张某家的门、窗等物品砸坏。县公安局接警后，对现场进行拍照、制作现场笔录，并请县价格认证中心作价格鉴定意见，对梁某作出行政拘留8日处罚。梁某向法院起诉，县公安局向法院提交照片、现场笔录和鉴定意见。下列哪些说法是正确的？
A. 照片为书证
B. 县公安局提交的现场笔录无当事人签名的，不具有法律效力
C. 县公安局提交的鉴定意见应有县价格认证中心的盖章和鉴定人的签名
D. 梁某对现场笔录的合法性有异议的，可要求县公安局的相关执法人员作为证人出庭作证

241. 2005/2/45/单 新法改编
黄某在与陈某的冲突中被陈某推倒后摔成轻微伤，甲县公安局以此对陈某作出行政拘留15日的决定。陈某不服申请复议，甲县政府经调查并补充了王某亲眼看到黄某摔伤的证言后维持了原处罚决定。陈某向法院提起诉讼。庭审中，陈某提出该处罚未经过负责人集体讨论，一审法院遂要求被告补充提供该处罚由负责人集体讨论决定的记录。下列哪一种说法是正确的？
A. 本案被告是甲县政府
B. 王某的证言只能作为证明甲县政府的复议决定合法的证据
C. 法院要求被告补充记录的做法不符合法律规定
D. 法院对被告提供的记录形成时间所作的审查

不属于对证据的关联性审查

专题十八 行政诉讼的法律适用

考点46 行政诉讼的法律适用

242． 2019 回忆/多

2019年2月，国务院发布了《关于在市场监管领域全面推行部门联合"双随机、一公开"监管的意见》（国发〔2019〕5号）。对此，下列哪些说法是正确的？

A．该意见为行政法规
B．该意见可以作为法官裁判的依据
C．该意见可以作为制定部门规章的依据
D．对该意见不能进行附带性审查

243． 2021 回忆/任

刘某在下班途中发生交通事故死亡，刘某妻子向人社局申请工伤认定，人社局根据国务院《工伤保险条例》认定刘某构成工伤。刘某所在的公司认为不构成工伤事故，提起行政诉讼。对此，下列说法错误的是：

A．工伤认定是行政裁决
B．法院应当参照《工伤保险条例》作出判决
C．该公司在诉讼中可以要求法院一并审查《工伤保险条例》
D．本案可以适用撤销判决

专题十九 行政案件审理中的特殊制度

考点47 规范性文件的附带审查

244． 2023 回忆/单

某区交通局依据市交通局制发的《客运经营管理办法》认定张某违法从事客运经营，对其罚款2000元。张某诉至法院请求撤销该处罚决定，并审查《客运经营管理办法》的合法性。法院审理认定《客运经营管理办法》与上位法规定不一致，判决撤销了罚款决定。双方当事人均未提出上诉。对此，下列哪一说法是正确的？

A．本案的被告是区交通局和市交通局
B．张某最迟应在法院判决前提出对《客运经营管理办法》的审查申请
C．法院可直接向市交通局提出修改《客运经营管理办法》的司法建议
D．法院应在裁判生效后3个月内就《客运经营管理办法》存在的问题向上一级法院备案

245． 2019 回忆/任

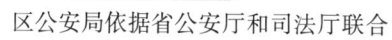

区公安局依据省公安厅和司法厅联合制定的《律师管理意见》对涉嫌寻衅滋事的律师王某罚款5000元，王某对处罚不服提起诉讼，一并要求审查《律师管理意见》。下列说法不正确的是：

A．法院在对该文件审查过程中，应当听取两个制定机关的意见
B．两个制定机关申请出庭陈述意见，法院应当准许
C．一审法院可以向省人大常委会提出修改该文件的司法建议
D．法院有权宣告该文件无效

考点48 先予执行

246． 2020 回忆/单

朱某失业后向区民政局申请最低生活保障金，区民政局认为朱某不符合申请资格予以拒绝，朱某提起行政诉讼。在诉讼过程中，朱某申请先予执行。下列哪一说法是正确的？

A．朱某申请先予执行应当提供担保
B．如果法院作出先予执行裁定，区民政局不服可以申请复议
C．朱某应先申请行政复议后，才能在诉讼中提出先予执行申请
D．本案应适用确认违法判决

247． 2015/2/85/多 新法改编

丁某以其房屋作抵押向孙某借款，双方到房管局办理手续，提交了房产证原件及载明房屋面积100平方米、借款50万元的房产抵押合同，该局以此出具房屋他项权证。丁某未还款，法院拍卖房屋，但因房屋面积只有70平方米，孙某遂以该局办理手续时未尽核实义务造成其15万元债权无法实现为由，起诉要求认定该局行为违法并赔偿损失。对此案，下列哪些说法是错误的？

A．法院可根据孙某申请裁定先予执行
B．孙某应对房管局的行为造成其损失提供证据
C．孙某对房屋抵押存在过错的，应当减轻房管局的赔偿责任
D．孙某的请求不属国家赔偿范围

考点49 被告改变被诉行政行为的处理与撤诉制度

248． 2009/2/99/任

下列情况属于或可以视为行政诉讼中被告改变被诉具体行政行为的是：

A．被诉公安局把拘留三日的处罚决定改为罚款500元
B．被诉土地局更正被诉处罚决定中不影响决定性质和内容的文字错误
C．被诉工商局未在法定期限答复原告的请求，

在二审期间作出书面答复

D. 县政府针对甲乙两村土地使用权争议作出的处理决定被诉后,甲乙两村达成和解,县政府书面予以认可

考点50　行政机关负责人出庭应诉

249. 2019回忆/任

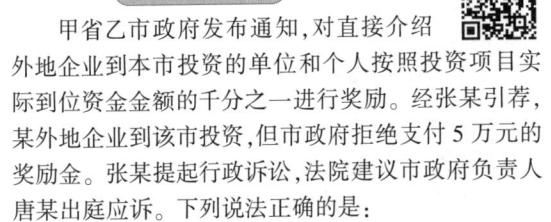

甲省乙市政府发布通知,对直接介绍外地企业到本市投资的单位和个人按照投资项目实际到位资金金额的千分之一进行奖励。经张某引荐,某外地企业到该市投资,但市政府拒绝支付5万元的奖励金。张某提起行政诉讼,法院建议市政府负责人唐某出庭应诉。下列说法正确的是:

A. 唐某出庭应诉,可以另行委托两名诉讼代理人
B. 若唐某因公不能出庭,可委托律师代其出庭应诉
C. 若唐某不出庭,也不委托代理人出庭,法院可以传唤其出庭
D. 法院应当适用简易程序进行审理

考点51　行政公益诉讼

250. 2022回忆/多

某公司私自占有公共土地,破坏了森林资源,县林草局对该公司作出罚款10万元的决定,并责令其恢复原状。事后,县林草局收缴了该公司的罚款,但没有及时督促该公司恢复原状。县检察院以县林草局没有及时履行要求该公司恢复原状的法定职责向法院起诉。对此,下列哪些说法是正确的?

A. 县检察院起诉前要先向县林草局发出检察建议
B. 检察院的起诉时限是6个月
C. 县林草局可以代该公司恢复原状
D. 责令恢复原状是行政处罚

251. 2021回忆/多

某森林公安局以某公司违规铲除植被为由,责令其恢复植被,并罚款3万元。该公司缴纳罚款后,森林公安局即办理了结案手续。森林检察院发现这一情况后,向森林公安局发出责令该公司恢复植被的检察建议,森林公安局未予理睬。森林检察院遂向法院提起诉讼。关于本案,下列哪些说法是正确的?

A. 本案是行政公益诉讼
B. 检察院提出检察建议是公益诉讼的前置程序
C. 只有民间公益诉讼组织不提起诉讼,检察院才能提起诉讼
D. 检察院的起诉期限是3个月

专题二十　行政诉讼的裁判与执行

考点52　行政诉讼第一审判决

252. 2008/2/43/单

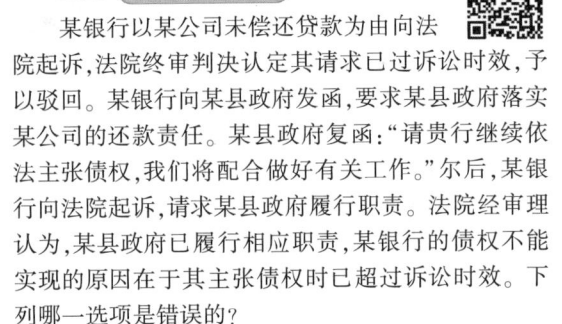

某银行以某公司未偿还贷款为由向法院起诉,法院终审判决认定其请求已过诉讼时效,予以驳回。某银行向某县政府发函,要求某县政府落实某公司的还款责任。某县政府复函:"请贵行继续依法主张债权,我们将配合做好有关工作。"尔后,某银行向法院起诉,请求某县政府履行职责。法院经审理认为,某县政府已履行相应职责,某银行的债权不能实现的原因在于其主张债权时已超过诉讼时效。下列哪一选项是错误的?

A. 本案应由中级法院管辖
B. 因法院的生效判决已对某银行与某公司的民事关系予以确认,某县政府不能重新进行确定
C. 法院应当判决确认某县政府的复函合法
D. 法院应当判决驳回某银行的诉讼请求

253. 2008/2/48/单

某县政府与甲开发公司签订《某地区改造项目协议书》,对某地区旧城改造范围、拆迁补偿费及支付方式和期限等事宜加以约定。乙公司持有经某市政府批准取得的国有土地使用证的第15号地块,位于某地区改造范围。甲开发公司获得改造范围内新建的房屋预售许可证,并向社会公开预售。乙公司认为某县政府以协议形式规划、管理和利用项目改造的行为违法,向法院起诉,法院受理。下列哪一选项是正确的?

A. 某县政府与甲开发公司签订的《某地区改造项目协议书》属内部协议
B. 某县政府应当依职权先行收回乙公司持有的第15号地块国有土地使用证
C. 因乙公司不是《某地区改造项目协议书》的当事人,法院应驳回起诉
D. 若法院经审理查明,某县政府以协议形式规划、管理和利用项目改造的行为违法,应当判决确认某县政府的行为违法,并责令采取补救措施

254. 2013/2/81/多

2012年9月,某计划生育委员会以李某、周某二人于2010年7月违法超生第二胎,作出要求其缴纳社会抚养费12万元,逾期不缴纳每月加收千分之二滞纳金的决定。二人不服,向法院起诉。下列哪些说法是正确的?

A. 加处的滞纳金数额不得超出12万元

· 34 ·

B. 本案为共同诉讼
C. 二人的违法行为发生在2010年7月,到2012年9月已超过《行政处罚法》规定的追究责任的期限,故决定违法
D. 法院不能作出允许少缴或免缴社会抚养费的变更判决

255． 2011/2/82/多 新法改编

余某拟大修房屋,向县规划局提出申请,该局作出不予批准答复。余某向县政府申请复议,在后者作出维持决定后,向法院起诉。县规划局向法院提交县政府批准和保存的余某房屋所在中心村规划布局图的复印件一张,余某提交了其房屋现状的录像,证明其房屋已破旧不堪。下列哪些说法是正确的?
A. 县规划局提交的该复印件,应加盖县政府的印章
B. 余某提交的录像应注明制作方法和制作时间
C. 如法院认定余某的请求不成立,可以判决驳回余某的诉讼请求
D. 如法院认定余某的请求成立,在对县规划局的行为作出裁判的同时,应对县政府的复议决定作出裁判

256． 2015/2/99/任

某镇政府以一公司所建钢架大棚未取得乡村建设规划许可证为由责令限期拆除。该公司逾期不拆除,镇政府现场向其送达强拆通知书,组织人员拆除了大棚。该公司向法院起诉要求撤销强拆行为。如一审法院审理认为强拆行为违反法定程序,可作出的判决有:
A. 撤销判决
B. 确认违法判决
C. 履行判决
D. 变更判决

257． 2007/2/83/多

罗某受到朱某的人身威胁,向公安机关报案,公安机关未采取任何措施。三天后,罗某了解到朱某因涉嫌抢劫被刑事拘留。罗某以公安机关不履行法定职责为由向法院提起行政诉讼,同时提出行政赔偿请求,要求赔偿精神损失。法院经审理认为,公安机关确未履行法定职责。下列哪些选项是正确的?
A. 因朱某已被刑事拘留,法院应当判决驳回罗某起诉
B. 法院应当判决确认公安机关不履行职责行为违法
C. 法院应当判决公安机关赔偿罗某的精神损失

D. 法院应当判决驳回罗某的行政赔偿请求

258． 2007/2/87/多

秦某租住江某房屋,后伪造江某的身份证和房屋所有权证,将房屋卖给不知情的吴某。房屋登记部门办理过户时未发现材料有假,便向吴某发放了房屋所有权证。江某发现房屋被卖时秦某已去向不明。江某以登记错误为由,提起行政诉讼要求撤销登记。下列哪些选项是正确的?
A. 法院应判决房屋登记部门撤销颁发给吴某的房屋所有权证
B. 吴某是善意第三人,房屋登记部门不应当撤销给吴某颁发的房屋所有权证
C. 江某应当先申请行政复议,对复议决定不服的,才能向法院起诉
D. 江某提起行政诉讼最长期限是20年,自房屋登记机关作出过户登记之日起计算

考点53 行政诉讼第二审判决

259． 2011/2/50/单

县环保局以一企业逾期未完成限期治理任务为由,决定对其加收超标准排污费并处以罚款1万元。该企业认为决定违法诉至法院,提出赔偿请求。一审法院经审理维持县环保局的决定。该企业提出上诉。下列哪一说法是正确的?
A. 加收超标准排污费和罚款均为行政处罚
B. 一审法院开庭审理时,如该企业未经法庭许可中途退庭,法院应予训诫
C. 二审法院认为需要改变一审判决的,应同时对县环保局的决定作出判决
D. 一审法院如遗漏了该企业的赔偿请求,二审法院应裁定撤销一审判决,发回重审

260． 2009/2/48/多

某区公安分局以蔡某殴打孙某为由对蔡某拘留十日并处罚款500元。蔡某向法院起诉,要求撤销处罚决定和赔偿损失。一审法院经审理认定处罚决定违法。下列哪些选项是正确的?①
A. 蔡某所在地的法院对本案无管辖权
B. 一审法院应判决撤销拘留决定,返还罚款500元、按照国家上年度职工日平均工资赔偿拘留十日的损失和一定的精神抚慰金
C. 如一审法院的判决遗漏了蔡某的赔偿请求,二审法院应当裁定撤销一审判决,发回重审
D. 如蔡某在二审期间提出赔偿请求,二审法院可以进行调解,调解不成的,应告知蔡某另行起诉

---

① 原为单选题,根据新法答案有变化,调整为多选题。

261. 2017/2/100/任

县政府以某化工厂不符合国家产业政策、污染严重为由，决定强制关闭该厂。该厂向法院起诉要求撤销该决定，并提出赔偿请求。一审法院认定县政府决定违法，予以撤销，但未对赔偿请求作出裁判，县政府提出上诉。下列说法正确的是：

A. 本案第一审应由县法院管辖
B. 二审法院不得以不开庭方式审理该上诉案件
C. 二审法院应对一审法院的判决和被诉行政行为进行全面审查
D. 如二审法院经审查认为依法不应给予该厂赔偿的，应判决驳回其赔偿请求

262. 2007/2/93/任

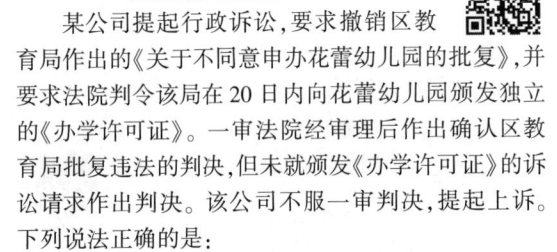

某公司提起行政诉讼，要求撤销区教育局作出的《关于不同意申办花蕾幼儿园的批复》，并要求法院判令该局在 20 日内向花蕾幼儿园颁发独立的《办学许可证》。一审法院经审理后作出确认区教育局批复违法的判决，但未就颁发《办学许可证》的诉讼请求作出判决。该公司不服一审判决，提起上诉。下列说法正确的是：

A. 二审法院应当裁定撤销一审判决
B. 二审法院应当维持一审判决
C. 二审法院可以裁定发回一审法院重审
D. 二审法院应当裁定发回一审法院重审，一审法院应当另行组成合议庭进行审理

考点 54 行政诉讼裁判的执行

263. 2010/2/87/单

某公司向区教委申请《办学许可证》，遭拒后向法院提起诉讼，法院判决区教委在判决生效后 30 日内对该公司申请进行重新处理。判决生效后，区教委逾期拒不履行，某公司申请强制执行。关于法院可采取的执行措施，下列哪一项是正确的？①

A. 对区教委按日处 100 元的罚款
B. 对区教委的主要负责人处以罚款
C. 经法院院长批准，对区教委直接责任人予以司法拘留
D. 责令由市教委对该公司的申请予以处理

专题二十一 国家赔偿概述

考点 55 国家赔偿概述

264. 2018 回忆/任

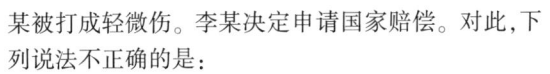

李某因为走私被甲区公安分局抓获，甲区公安分局对李某拘留 5 日。李某不服提起复议，甲区政府作出拘留 15 日的决定。在拘留期间，李某被牢头向某殴打，拘留所看管人员不予制止，致使李某被打成轻微伤。李某决定申请国家赔偿。对此，下列说法不正确的是：

A. 如李某对拘留 15 日提起行政诉讼，甲区公安分局与甲区政府都是被告
B. 如李某对拘留 15 日提起行政赔偿诉讼，甲区公安分局与甲区政府承担连带赔偿责任
C. 李某在拘留所中被向某殴打，属于民事侵权行为，拘留所不承担国家赔偿责任
D. 李某在被拘留期间被殴打，应当由赔偿义务机关证明其行为与损害结果之间是否存在因果关系

专题二十二 行政赔偿

考点 56 行政赔偿义务机关及赔偿程序

265. 2022 回忆/多

某县政府组织工作人员对岳某的房屋强制拆除，岳某认为工作人员事先未通知其转移物品，导致屋内物品毁损，请求法院确认县政府行为违法，法院判决确认强制拆除行为违法。后岳某向县政府请求赔偿，县政府一直未予回复，岳某遂向法院提起行政赔偿诉讼，请求赔偿房屋、屋内损失，并要求县政府追究相关人员的违法责任。下列哪些说法是正确的？

A. 若因强制拆除行为导致岳某对财产损失无法举证，应由县政府承担举证责任
B. 县政府追究相关人员的违法责任不属于法院审查范围
C. 岳某提出行政赔偿诉讼的起诉期限为 6 个月
D. 本案应当由中级人民法院管辖

266. 2013/2/84/多

某区规划局以一公司未经批准擅自搭建地面工棚为由，限期自行拆除。该公司逾期未拆除。根据规划局的请求，区政府组织人员将违法建筑拆除，并将拆下的钢板作为建筑垃圾运走。如该公司申请国家赔偿，下列哪些说法是正确的？

A. 可以向区规划局提出赔偿请求
B. 区政府为赔偿义务机关
C. 申请国家赔偿之前应先申请确认运走钢板的行为违法
D. 应当对自己的主张提供证据

267. 2010/2/88/多 新法改编

关于行政赔偿诉讼，下列哪些选项是正确的？

---

① 原为多选题，根据新法答案有变化，调整为单选题。

A. 两个以上行政机关分别实施违法行政行为造成同一损害,每个行政机关的行为都足以造成全部损害的,根据过错各自承担相应责任

B. 原告在二审程序中提出行政赔偿请求的,人民法院可以组织各方调解,调解不成的,告知其另行起诉

C. 如复议决定加重损害,赔偿请求人只对复议机关提出行政赔偿诉讼的,复议机关为被告

D. 提起行政诉讼时一并提出行政赔偿请求的,可以在提起诉讼后至法院一审判决前提出,人民法院应予受理

268． 2007/2/89/多

李某租用一商店经营服装。某区公安分局公安人员驾驶警车追捕时,为躲闪其他车辆,不慎把李某服装厅的橱窗玻璃及模特衣物撞坏。事后,公安分局与李某协商赔偿不成,李某请求国家赔偿。下列哪些选项是错误的?

A. 公安分局应作为赔偿义务机关,因为李某曾与其协商赔偿

B. 公安分局不应作为赔偿义务机关,因该公安人员的行为属于与行使职权无关的个人行为

C. 公安分局不应作为赔偿义务机关,因为该公安人员的行为不是违法行使职权,应按行政补偿解决

D. 公安分局应作为赔偿义务机关,因为该公安人员的行为属于与行使职权有关的行为

专题二十三 司法赔偿

考点57 司法赔偿义务机关

269． 2023 回忆/多

程某殴打罗某,鉴定机关鉴定罗某构成二级轻伤。2021年11月12日,县公安局以程某构成故意伤害罪为由决定立案侦查,11月30日将程某刑事拘留,后县检察院作出逮捕决定。2022年5月3日,鉴定机关经过重新鉴定,罗某构成轻微伤。县公安局决定撤销案件,程某同日被释放。程某遂申请国家赔偿。对此,下列哪些说法是不正确的?

A. 赔偿义务机关是县检察院

B. 鉴定机关鉴定错误,应当承担赔偿责任

C. 赔偿期间是2021年11月12日到2022年5月3日

D. 赔偿义务机关如拒绝赔偿,程某可直接向法院赔偿委员会申请作出赔偿决定

270． 2012/2/83/多

区公安分局以涉嫌故意伤害罪为由将方某刑事拘留,区检察院批准对方某的逮捕。区法院判处方某有期徒刑3年,方某上诉。市中级法院以事实不清为由发回区法院重审。区法院重审后,判决方某无罪。判决生效后,方某请求国家赔偿。下列哪些说法是错误的?

A. 区检察院和区法院为共同赔偿义务机关

B. 区公安分局为赔偿义务机关

C. 方某应当先向区法院提出赔偿请求

D. 如区检察院在审查起诉阶段决定撤销案件,方某请求国家赔偿的,区检察院为赔偿义务机关

271． 2008/2/40/单 新法改编

甲市乙区公安分局以孙某涉嫌诈骗罪为由将其刑事拘留,并经乙区检察院批准逮捕。后因案情特殊由丙区检察院提起公诉。2006年,丙区法院判处孙某有期徒刑3年,孙某不服上诉,甲市中级法院裁定发回丙区法院重新审理。重审期间,丙区检察院经准许撤回起诉,并最终作出不起诉决定。孙某申请国家赔偿。关于赔偿义务机关,下列哪一选项是正确的?

A. 乙区公安分局、乙区检察院和丙区法院

B. 丙区检察院和丙区法院

C. 乙区检察院和丙区法院

D. 丙区法院

考点58 司法赔偿范围

272． 2021 回忆/任

赵某因涉嫌犯罪被立案侦查,后经县检察院批准逮捕,县法院一审认定赵某犯甲罪,判处有期徒刑1年,缓刑2年;犯乙罪,判处有期徒刑2年,缓刑2年;合并执行2年,缓刑2年半。判决当日赵某被释放。后赵某上诉,市中级法院判决维持原判。赵某申请省高院再审。省高院判决撤销甲罪,对乙罪判处有期徒刑2年,缓刑2年。关于本案,下列说法正确的是:

A. 如果赔偿赵某的话,赔偿义务机关是市中级法院

B. 对于赵某所犯甲罪,国家应予赔偿

C. 对于赵某所犯乙罪,国家不予赔偿

D. 赵某雇请律师的费用不属于赔偿范围

273． 2010/2/50/多

2009年2月10日,王某因涉嫌诈骗被县公安局刑事拘留,2月24日,县检察院批准逮捕王某。4月10日,县法院以诈骗罪判处王某3年有期徒刑,缓期2年执行。5月10日,县公安局根据县法院变更强制措施的决定,对王某采取取保候审措施。王某上诉,6月1日,市中级法院维持原判。王

某申诉,12月10日,市中级法院再审认定王某行为不构成诈骗,撤销原判。对此,下列哪些说法是不正确的?①

A. 因王某被判无罪,国家应当对王某在2009年2月10日至12月10日期间的损失承担赔偿责任

B. 因王某被判处有期徒刑缓期执行,国家不承担赔偿责任

C. 因王某被判无罪,国家应当对王某在2009年6月1日至12月10日期间的损失承担赔偿责任

D. 因王某被判无罪,国家应当对王某在2009年2月10日至5月10日期间的损失承担赔偿责任

274． 2009/2/89/多

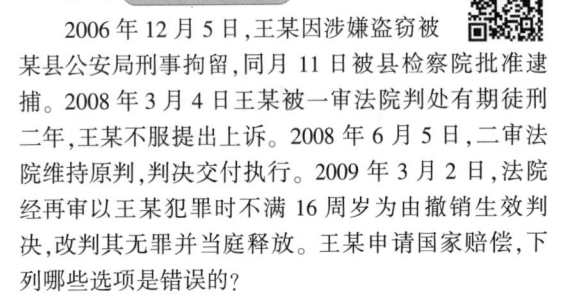

2006年12月5日,王某因涉嫌盗窃被某县公安局刑事拘留,同月11日被县检察院批准逮捕。2008年3月4日王某被一审法院判处有期徒刑二年,王某不服提出上诉。2008年6月5日,二审法院维持原判,判决交付执行。2009年3月2日,法院经再审以王某犯罪时不满16周岁为由撤销生效判决,改判其无罪并当庭释放。王某申请国家赔偿,下列哪些选项是错误的?

A. 国家应当对王某从2008年6月5日到2009年3月2日被羁押的损失承担赔偿责任

B. 国家应当对王某从2006年12月11日到2008年3月4日被羁押的损失承担赔偿责任

C. 国家应当对王某从2006年12月5日到2008年3月4日被羁押的损失承担赔偿责任

D. 国家应当对王某从2008年3月4日到2009年3月2日被羁押的损失承担赔偿责任

考点59 司法赔偿程序

275． 2018回忆/多

徐某涉嫌贪污罪被区检察院逮捕,区法院经审理认为徐某构成职务侵占,但由于其违法情形不严重,故决定免予追究刑事责任。徐某未上诉,后一审判决生效。之后,市中级人民法院通过再审宣告徐某无罪。徐某申请国家赔偿,法院赔偿委员会认为之前判决为免予追究其刑事责任,不应予以赔偿。下列哪些选项是正确的?

A. 徐某可以向区检察院的上一级检察院申请复议

B. 徐某可以向市中级法院赔偿委员会申请赔偿

C. 不予赔偿的理由不符合法律规定

D. 赔偿义务机关为区检察院和区法院

276． 2014/2/50/单

甲市乙县法院强制执行生效民事判决时执行了案外人李某的财产且无法执行回转。李某向乙县法院申请国家赔偿,遭到拒绝后申请甲市中级法院赔偿委员会作出赔偿决定。赔偿委员会适用质证程序审理。下列哪一说法是正确的?

A. 乙县法院申请不公开质证,赔偿委员会应当予以准许

B. 李某对乙县法院主张的不利于自己的事实,既未表示承认也未否认,即视为对该项事实的承认

C. 赔偿委员会根据李某的申请调取的证据,作为李某提供的证据进行质证

D. 赔偿委员会应当对质证活动进行全程同步录音录像

277． 2014/2/100/任

某县公安局以沈某涉嫌销售伪劣商品罪为由将其刑事拘留,并经县检察院批准逮捕。后检察院决定不起诉。沈某申请国家赔偿,赔偿义务机关拒绝。下列说法正确的是:

A. 县公安局为赔偿义务机关

B. 赔偿义务机关拒绝赔偿,应当书面通知沈某

C. 国家应当给予沈某赔偿

D. 对拒绝赔偿,沈某可以向县检察院的上一级检察院申请复议

278． 2012/2/50/单

县公安局以李某涉嫌盗窃为由将其刑事拘留,并经县检察院批准逮捕。县法院判处李某有期徒刑5年。李某上诉,市中级法院改判李某无罪。李某向赔偿义务机关申请国家赔偿。下列哪一说法是正确的?

A. 县检察院为赔偿义务机关

B. 李某申请国家赔偿前应先申请确认刑事拘留和逮捕行为违法

C. 李某请求国家赔偿的时效自羁押行为被确认为违法之日起计算

D. 赔偿义务机关可以与李某就赔偿方式进行协商

279． 2011/2/45/单

李某被县公安局以涉嫌盗窃为由刑事拘留,后被释放。李某向县公安局申请国家赔偿,遭到拒绝,经复议后,向市中级法院赔偿委员会申请作出赔偿决定。下列哪一说法是正确的?

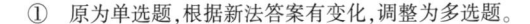

---

① 原为单选题,根据新法答案有变化,调整为多选题。

A. 李某应向赔偿委员会递交赔偿申请书一式四份
B. 县公安局可以委托律师作为代理人
C. 县公安局应对李某的损失与刑事拘留行为之间是否存在因果关系提供证据
D. 李某不服中级法院赔偿委员会作出的赔偿决定的，可以向上一级法院赔偿委员会申请复议一次

280. 2013/2/99/任

甲市某县公安局以李某涉嫌盗窃罪为由将其刑事拘留，经县检察院批准逮捕，县法院判处李某有期徒刑6年，李某上诉，甲市中级法院改判无罪。李某被释放后申请国家赔偿，赔偿义务机关拒绝赔偿，李某向甲市中级法院赔偿委员会申请作出赔偿决定。下列选项正确的是：
A. 赔偿义务机关拒绝赔偿的，应书面通知李某并说明不予赔偿的理由
B. 李某向甲市中级法院赔偿委员会申请作出赔偿决定前，应当先向甲市检察院申请复议
C. 对李某申请赔偿案件，甲市中级法院赔偿委员会可指定一名审判员审理和作出决定
D. 如甲市中级法院赔偿委员会作出赔偿决定，赔偿义务机关认为确有错误的，可以向该省高级法院赔偿委员会提出申诉

281. 2015/2/100/任

某县公安局以涉嫌诈骗为由将张某刑事拘留，并经县检察院批准逮捕，后县公安局以证据不足为由撤销案件，张某遂申请国家赔偿。下列说法正确的是：
A. 赔偿义务机关为县公安局和县检察院
B. 张某的赔偿请求不属国家赔偿范围
C. 张某当面递交赔偿申请书，赔偿义务机关应当场出具加盖本机关专用印章并注明收讫日期的书面凭证
D. 如赔偿义务机关拒绝赔偿，张某可向法院提起赔偿诉讼

282. 2017/2/50/单

某市公安局以朱某涉嫌盗窃罪于2013年7月25日将其刑事拘留，经市检察院批准逮捕。2015年9月11日，市中级法院判决朱某无罪，朱某被释放。2016年3月15日，朱某以无罪被羁押为由申请国家赔偿，要求支付侵犯人身自由的赔偿金，赔礼道歉，赔偿精神损害抚慰金200万元。下列哪一说法是正确的？
A. 市检察院为赔偿义务机关
B. 朱某不能以口头方式提出赔偿申请
C. 限制人身自由的时间是计算精神抚慰金的唯一标准
D. 侵犯朱某人身自由的每日赔偿金应按照2014年度职工日平均工资计算

考点60 民事、行政司法赔偿

283. 2008/2/88/单

甲公司向某区法院起诉要求乙公司返还货款15万元，并请求依法保全乙公司价值10万元的汽车。在甲公司提供担保后，法院准予采取保全措施。二审法院最终维持某区法院要求乙公司返还货款10万元的判决。甲公司在申请强制执行时，发现诉讼期间某区法院在乙公司没有提供担保的情况下已解除保全措施，乙公司已变卖汽车、转移货款，致判决无法执行。甲公司要求某区法院赔偿损失。下列哪一项说法是正确的？①
A. 《国家赔偿法》未明确规定法院在民事诉讼过程中违法解除保全措施应承担赔偿责任，故甲公司的请求不成立
B. 违法采取保全措施应包括依法不应当解除而解除保全措施
C. 就某区法院的措施是否属国家赔偿范围问题，受理赔偿诉讼的法院可以进行调解
D. 甲公司应当先申请确认某区法院解除保全措施的行为违法

284. 2013/2/49/单

某法院以杜某逾期未履行偿债判决为由，先将其房屋查封，后裁定将房屋过户以抵债。杜某认为强制执行超过申请数额而申请国家赔偿，要求赔偿房屋过户损失30万元，查封造成屋内财产毁损和丢失5000元，误工损失2000元，以及精神损失费1万元。下列哪一事项属于国家赔偿范围？
A. 2000元　　B. 5000元
C. 1万元　　D. 30万元

285. 2017/2/85/多

关于民事、行政诉讼中的司法赔偿，下列哪些说法是正确的？
A. 对同一妨害诉讼的行为重复采取罚款措施的，属于违法采取对妨害诉讼的强制措施
B. 执行未生效法律文书的，属于对判决、裁定及其他生效法律文书执行错误
C. 受害人对损害结果的发生或者扩大也有过错的，国家不承担赔偿责任
D. 因正当防卫造成损害后果的，国家不承担赔偿责任

---
① 原为多选题，根据新法答案有变化，调整为单选题。

专题二十四 国家赔偿方式、标准和费用

考点61 国家赔偿方式与标准

286． 2021 回忆/多

某县公安局以涉嫌故意伤害罪为由对朱某刑事拘留，县检察院批准逮捕。县检察院对朱某提起公诉，后以证据不足为由撤诉。朱某被释放后申请国家赔偿。关于本案，下列哪些说法是正确的？

A. 给予朱某的精神损害抚慰金不得低于侵犯人身自由赔偿金的两倍
B. 赔偿义务机关不可就赔偿项目与朱某进行协商
C. 对赔偿决定不服，朱某可以向赔偿义务机关的上一级机关申请复议
D. 赔偿义务机关应为县检察院

287． 2019 回忆/任

县国土资源局认定某建筑材料公司存在非法采砂行为，责令其停产停业。建筑材料公司不服，提起行政诉讼。法院认为县国土资源局认定错误，对其决定予以撤销。县国土资源局应当予以赔偿的项目包括：

A. 设备租金
B. 留守职工工资
C. 预期利润
D. 缴纳的水资源费

288． 2012/2/100/任

廖某在监狱服刑，因监狱管理人员放纵被同室服刑人员殴打，致一条腿伤残。廖某经6个月治疗，部分丧失劳动能力，申请国家赔偿。下列属于国家赔偿范围的有：

A. 医疗费
B. 残疾生活辅助具费
C. 残疾赔偿金
D. 廖某扶养的无劳动能力人的生活费

289． 2008/2/99/任

张某租用农贸市场一门面从事经营。因赵某提出该门面属于他而引起争议，工商局扣缴张某的营业执照，致使张某停业2个月之久。张某在工商局返还营业执照后，提出赔偿请求。下列属于国家赔偿范围的是：

A. 门面租赁费
B. 食品过期不能出售造成的损失
C. 张某无法经营的经济损失
D. 停业期间张某依法缴纳的税费

290． 2016/2/50/单

某县公安局于2012年5月25日以方某涉嫌合同诈骗罪将其刑事拘留，同年6月26日取保候审，8月11日检察院决定批准逮捕方某。2013年5月11日，法院以指控依据不足为由判决方某无罪，方某被释放。2014年3月2日方某申请国家赔偿。下列哪一说法是正确的？

A. 县公安局为赔偿义务机关
B. 赔偿义务机关可就赔偿方式和数额与方某协商，但不得就赔偿项目进行协商
C. 方某2012年6月26日至8月11日取保候审，不属于国家赔偿范围
D. 对方某的赔偿金标准应按照2012年度国家职工日平均工资计算

291． 2011/2/83/多

2006年9月7日，县法院以销售伪劣产品罪判处杨某有期徒刑8年，并处罚金45万元，没收其推土机一台。杨某不服上诉，12月6日，市中级法院维持原判交付执行。杨某仍不服，向省高级法院提出申诉。2010年9月9日，省高级法院宣告杨某无罪释放。2011年4月，杨某申请国家赔偿。关于本案的赔偿范围和标准，下列哪些说法是正确的？

A. 对杨某被羁押，每日赔偿金按国家上年度职工日平均工资计算
B. 返还45万罚金并支付银行同期存款利息
C. 如被没收推土机已被拍卖的，应给付拍卖所得的价款及相应的赔偿金
D. 本案不存在支付精神损害抚慰金的问题

292． 2009/2/49/单

2001年5月李某被某县公安局刑事拘留，后某县检察院以证据不足退回该局补充侦查，2002年11月李某被取保候审。2004年，县公安局撤销案件。次年3月，李某提出国家赔偿申请。县公安局于2005年12月作出给予李某赔偿的决定书。李某以赔偿数额过低为由，于2006年先后向市公安局和市法院赔偿委员会提出复议和申请，二者均作出维持决定。对李某被限制人身自由的赔偿金，应按照下列哪个年度的国家职工日平均工资计算？

A. 2002年度
B. 2003年度
C. 2004年度
D. 2005年度

行政法与行政诉讼法 [考点法条]

专题一 行政法概述

考点1 行政法的基本原则
(一)合法行政原则
《行政许可法》
第四条 [行政许可法定原则]设定和实施行政许可,应当依照法定的权限、范围、条件和程序。
《行政处罚法》
第四条 公民、法人或者其他组织违反行政管理秩序的行为,应当给予行政处罚的,依照本法由法律、法规、规章规定,并由行政机关依照本法规定的程序实施。
《行政强制法》
第四条 [依法强制原则]行政强制的设定和实施,应当依照法定的权限、范围、条件和程序。
(二)合理行政原则
《行政许可法》
第五条第一款 [公开、公平、公正原则]设定和实施行政许可,应当遵循公开、公平、公正、非歧视的原则。
《行政处罚法》
第五条第二款 设定和实施行政处罚必须以事实为依据,与违法行为的事实、性质、情节以及社会危害程度相当。
《行政强制法》
第五条 [适当原则]行政强制的设定和实施,应当适当。采用非强制手段可以达到行政管理目的的,不得设定和实施行政强制。
(三)程序正当原则
《行政许可法》
第五条第二款 [公开、公平、公正原则]有关行政许可的规定应当公布;未经公布的,不得作为实施行政许可的依据。行政许可的实施和结果,除涉及国家秘密、商业秘密或者个人隐私的外,应当公开。未经申请人同意,行政机关及其工作人员、参与专家评审等的人员不得披露申请人提交的商业秘密、未披露信息或者保密商务信息,法律另有规定或者涉及国家安全、重大社会公共利益的除外;行政机关依法公开申请人前述信息的,允许申请人在合理期限内提出异议。
第十九条 [设定行政许可的听证]起草法律草案、法规草案和省、自治区、直辖市人民政府规章草案,拟设定行政许可的,起草单位应当采取听证会、论证会等形式听取意见,并向制定机关说明设定该行政许可的必要性、对经济和社会可能产生的影响以及听取和采纳意见的情况。
第二十条 [定期评价与适时评价制度]行政许可的设定机关应当定期对其设定的行政许可进行评价;对已设定的行政许可,认为通过本法第十三条所列方式能够

解决的,应当对设定该行政许可的规定及时予以修改或者废止。
行政许可的实施机关可以对已设定的行政许可的实施情况及存在的必要性适时进行评价,并将意见报告该行政许可的设定机关。
公民、法人或者其他组织可以向行政许可的设定机关和实施机关就行政许可的设定和实施提出意见和建议。
《行政处罚法》
第五条第三款 对违法行为给予行政处罚的规定必须公布;未经公布的,不得作为行政处罚的依据。
《政府信息公开条例》
第六条 行政机关应当及时、准确地公开政府信息。
行政机关发现影响或者可能影响社会稳定、扰乱社会和经济管理秩序的虚假或者不完整信息的,应当发布准确的政府信息予以澄清。
第十四条 依法确定为国家秘密的政府信息,法律、行政法规禁止公开的政府信息,以及公开后可能危及国家安全、公共安全、经济安全、社会稳定的政府信息,不予公开。

第十五条 涉及商业秘密、个人隐私等公开会对第三方合法权益造成损害的政府信息,行政机关不得公开。但是,第三方同意公开或者行政机关认为不公开会对公共利益造成重大影响的,予以公开。[2020年回忆~政府信息公开]①

《公务员法》
第七十六条 [公务回避]公务员执行公务时,有下列情形之一的,应当回避:
(一)涉及本人利害关系的;
(二)涉及与本人有本法第七十四条第一款所列亲属关系人员的利害关系的;
(三)其他可能影响公正执行公务的。
(四)诚实守信原则
《行政许可法》
第八条 [信赖保护原则]公民、法人或者其他组织依法取得的行政许可受法律保护,行政机关不得擅自改变已经生效的行政许可。
行政许可所依据的法律、法规、规章修改或者废止,或者准予行政许可所依据的客观情况发生重大变化的,为了公共利益的需要,行政机关可以依法变更或者撤回已经生效的行政许可。由此给公民、法人或者其他组织造成财产损失的,行政机关应当依法给予补偿。[2021年回忆~行政许可中的补偿责任]

---

① 主客观重点法条以灰底标注,并注明主观题考查年份及考点。

(五)高效便民原则

《行政许可法》

第六条 [便民原则]实施行政许可,应当遵循便民的原则,提高办事效率,提供优质服务。

第二十五条 [集中许可权]经国务院批准,省、自治区、直辖市人民政府根据精简、统一、效能的原则,可以决定一个行政机关行使有关行政机关的行政许可权。

第二十六条 [一个窗口对外和一站式办理]行政许可需要行政机关内设的多个机构办理的,该行政机关应当确定一个机构统一受理行政许可申请,统一送达行政许可决定。

行政许可依法由地方人民政府两个以上部门分别实施的,本级人民政府可以确定一个部门受理行政许可申请并转告有关部门分别提出意见后统一办理,或者组织有关部门联合办理、集中办理。

专题二 行政主体

考点2 国务院行政机构的设置与编制管理

(一)国务院机构的种类

《国务院行政机构设置和编制管理条例》

第六条 [机构种类和职能]国务院行政机构根据职能分为国务院办公厅、国务院组成部门、国务院直属机构、国务院办事机构、国务院组成部门管理的国家行政机构和国务院议事协调机构。

国务院办公厅协助国务院领导处理国务院日常工作。

国务院组成部门依法分别履行国务院基本的行政管理职能。国务院组成部门包括各部、各委员会、中国人民银行和审计署。

国务院直属机构主管国务院的某项专门业务,具有独立的行政管理职能。

国务院办事机构协助国务院总理办理专门事项,不具有独立的行政管理职能。

国务院组成部门管理的国家行政机构由国务院组成部门管理,主管特定业务,行使行政管理职能。

国务院议事协调机构承担跨国务院行政机构的重要业务工作的组织协调任务。国务院议事协调机构议定的事项,经国务院同意,由有关的行政机构按照各自的职责负责办理。在特殊或者紧急的情况下,经国务院同意,国务院议事协调机构可以规定临时性的行政管理措施。

(二)国务院机构的设置

(1)设立、撤销、合并

《国务院行政机构设置和编制管理条例》

第七条 [办公厅和组成部门的设立程序]依照国务院组织法的规定,国务院设立办公厅。

国务院组成部门的设立、撤销或者合并由国务院机构编制管理机关提出方案,经国务院常务会议讨论通过后,由国务院总理提请全国人民代表大会决定;在全国人民代表大会闭会期间,提请全国人民代表大会常务委员会决定。

第八条 [直属机构、办事机构、部门管理国家局的设立程序]国务院直属机构、国务院办事机构和国务院组成部门管理的国家行政机构的设立、撤销或者合并由国务院机构编制管理机关提出方案,报国务院决定。

第十一条 [议事协调机构的设立程序]国务院议事协调机构的设立、撤销或者合并,由国务院机构编制管理机关提出方案,报国务院决定。

第十三条 [国务院行政机构的内设机构]国务院办公厅、国务院组成部门、国务院直属机构、国务院办事机构在职能分解的基础上设立司、处两级内设机构;国务院组成部门管理的国家行政机构根据工作需要可以设立司、处两级内设机构,也可以只设立处级内设机构。

第十四条 [司级、处级内设机构设置程序]国务院行政机构的司级内设机构的增设、撤销或者合并,经国务院机构编制管理机关审核方案,报国务院批准。

国务院行政机构的处级内设机构的设立、撤销或者合并,由国务院行政机构根据国家有关规定决定,按年度报国务院机构编制管理机关备案。

(2)职能调整

《国务院行政机构设置和编制管理条例》

第十二条 [国务院行政机构职能调整程序]国务院行政机构设立后,需要对职能进行调整的,由国务院机构编制管理机关提出方案,报国务院决定。

(三)国务院机构的编制管理

《国务院行政机构设置和编制管理条例》

第十七条 [编制管理原则]国务院行政机构的编制依据职能配置和职位分类,按照精简的原则确定。

前款所称编制,包括人员的数量定额和领导职数。

第十八条 [编制的确定和方案]国务院行政机构的编制在国务院行政机构设立时确定。

国务院行政机构的编制方案,应当包括下列事项:

(一)机构人员定额和人员结构比例;

(二)机构领导职数和司级内设机构领导职数。

第十九条 [增减编制的程序]国务院行政机构增加或者减少编制,由国务院机构编制管理机关审核方案,报国务院批准。

第二十条 [议事协调机构的编制]国务院议事协调机构不单独确定编制,所需要的编制由承担具体工作的国务院行政机构解决。

考点3 地方行政机构的设置与编制管理

(一)机构设置

《地方各级人民政府机构设置和编制管理条例》

第九条 [设置程序]地方各级人民政府行政机构的设立、撤销、合并或者变更规格、名称,由本级人民政府提出方案,经上一级人民政府机构编制管理机关审核后,报上一级人民政府批准;其中,县级以上地方各级人民政府行政机构的设立、撤销或者合并,还应当依法报本级人民代表大会常务委员会备案。

第十条 [职责管理与协调机制]地方各级人民政府

行政机构职责相同或者相近的,原则上由一个行政机构承担。

行政机构之间对职责划分有异议的,应当主动协商解决。协商一致的,报本级人民政府机构编制管理机关备案;协商不一致的,应当提请本级人民政府机构编制管理机关提出协调意见,由机构编制管理机关报本级人民政府决定。

第十二条 [议事协调机构的办事机构的设立]县级以上地方各级人民政府的议事协调机构不单独设立办事机构,具体工作由有关的行政机构承担。

第十三条 [内设机构的设立]地方各级人民政府行政机构根据工作需要和精干的原则,设立必要的内设机构。县级以上地方各级人民政府行政机构的内设机构的设立、撤销、合并或者变更规格、名称,由该行政机构报本级人民政府机构编制管理机关审批。

(二)编制管理
《地方各级人民政府机构设置和编制管理条例》

第十五条 [类别和使用范围]机构编制管理机关应当按照编制的不同类别和使用范围审批编制。地方各级人民政府行政机构应当使用行政编制,事业单位应当使用事业编制,不得混用、挤占、挪用或者自行设定其他类别的编制。

第十六条 [总额管理和审批程序]地方各级人民政府的行政编制总额,由省、自治区、直辖市人民政府提出,经国务院机构编制管理机关审核后,报国务院批准。

第十七条 [专项管理]根据工作需要,国务院机构编制管理机关报经国务院批准,可以在地方行政编制总额内对特定的行政机构的行政编制实行专项管理。

第十八条 [分级管理]地方各级人民政府根据调整职责的需要,可以在行政编制总额内调整本级人民政府有关部门的行政编制。但是,在同一个行政区域不同层级之间调配使用行政编制的,应当由省、自治区、直辖市人民政府机构编制管理机关报国务院机构编制管理机关审批。

第十九条 [议事协调机构的编制]地方各级人民政府议事协调机构不单独确定编制,所需要的编制由承担具体工作的行政机构解决。

专题三 公务员

考点4 公务员处分制度
《公务员法》

第六十二条 [处分的种类]处分分为:警告、记过、记大过、降级、撤职、开除。

第六十三条 [处分的原则和程序]对公务员的处分,应当事实清楚、证据确凿、定性准确、处理恰当、程序合法、手续完备。

公务员违纪违法的,应当由处分决定机关决定对公务员违纪违法的情况进行调查,并将调查认定的事实以及拟给予处分的依据告知公务员本人。公务员有权进行陈述和申辩;处分决定机关不得因公务员申辩而加重处分。

处分决定机关认为对公务员应当给予处分的,应当在规定的期限内,按照管理权限和规定的程序作出处分决定。处分决定应当以书面形式通知公务员本人。

第六十四条 [中止权利和处分期间]公务员在受处分期间不得晋升职务、职级和级别,其中受记过、记大过、降级、撤职处分的,不得晋升工资档次。

受处分的期间为:警告,六个月;记过,十二个月;记大过,十八个月;降级、撤职,二十四个月。

受撤职处分的,按照规定降低级别。

第六十五条 [处分的解除]公务员受开除以外的处分,在受处分期间有悔改表现,并且没有再发生违纪违法行为的,处分期满后自动解除。

解除处分后,晋升工资档次、级别和职务、职级不再受原处分的影响。但是,解除降级、撤职处分的,不视为恢复原级别、原职务、原职级。

考点5 公务员的其他制度
(一)公务员的录用
《公务员法》

第二十三条 [公务员录用的办法]录用担任一级主任科员以下及其他相当职级层次的公务员,采取公开考试、严格考察、平等竞争、择优录取的办法。

民族自治地方依照前款规定录用公务员时,依照法律和有关规定对少数民族报考者予以适当照顾。

第二十四条 [录用的组织机关]中央机关及其直属机构公务员的录用,由中央公务员主管部门负责组织。地方各级机关公务员的录用,由省级公务员主管部门负责组织,必要时省级公务员主管部门可以授权设区的市级公务员主管部门组织。

第二十五条 [报考的附加条件]报考公务员,除应当具备本法第十三条规定的条件以外,还应当具备省级以上公务员主管部门规定的拟任职位所要求的资格条件。

国家对行政机关中初次从事行政处罚决定审核、行政复议、行政裁决、法律顾问的公务员实行统一法律职业资格考试制度,由国务院司法行政部门商有关部门组织实施。

第二十六条 [不得录用的人员]下列人员不得录用为公务员:

(一)因犯罪受过刑事处罚的;
(二)被开除中国共产党党籍的;
(三)被开除公职的;
(四)被依法列为失信联合惩戒对象的;
(五)有法律规定不得录用为公务员的其他情形的。

第二十七条 [编制限额和职位空缺]录用公务员,应当在规定的编制限额内,并有相应的职位空缺。

第二十八条 [招考公告]录用公务员,应当发布招考公告。招考公告应当载明招考的职位、名额、报考资格条件、报考需要提交的申请材料以及其他报考须知事项。

招录机关应当采取措施,便利公民报考。

第二十九条 [报考申请的审查]招录机关根据报考资格条件对报考申请进行审查。报考者提交的申请材料应当真实、准确。

第三十条 [录用考试的形式和内容]公务员录用考试采取笔试和面试等方式进行,考试内容根据公务员应当具备的基本能力和不同职位类别、不同层级机关分别设置。

第三十一条 [考察人选的确定、复审、考察和体检]招录机关根据考试成绩确定考察人选,并进行报考资格复审、考察和体检。

体检的项目和标准根据职位要求确定。具体办法由中央公务员主管部门会同国务院卫生健康行政部门规定。

第三十二条 [拟录用人员名单提出、公示、备案或审批]招录机关根据考试成绩、考察情况和体检结果,提出拟录用人员名单,并予以公示。公示期不少于五个工作日。

公示期满,中央一级招录机关应当将拟录用人员名单报中央公务员主管部门备案;地方各级招录机关应当将拟录用人员名单报省级或者设区的市级公务员主管部门审批。

第三十三条 [特殊职位公务员的录用]录用特殊职位的公务员,经省级以上公务员主管部门批准,可以简化程序或者采用其他测评办法。

第三十四条 [试用期]新录用的公务员试用期为一年。试用期满合格的,予以任职;不合格的,取消录用。

(二)公务回避

《公务员法》

第七十六条 [公务回避]公务员执行公务时,有下列情形之一的,应当回避:

(一)涉及本人利害关系的;

(二)涉及与本人有本法第七十四条第一款所列亲属关系人员的利害关系的;

(三)其他可能影响公正执行公务的。

《公务员法》

第七十四条 [亲属回避]公务员之间有夫妻关系、直系血亲关系、三代以内旁系血亲关系以及近姻亲关系的,不得在同一机关双方直接隶属于同一领导人员的职位或者有直接上下级领导关系的职位工作,也不得在其中一方担任领导职务的机关从事组织、人事、纪检、监察、审计和财务工作。

公务员不得在其配偶、子女及其配偶经营的企业、营利性组织的行业监管或者主管部门担任领导成员。

因地域或者工作性质特殊,需要变通执行任职回避的,由省级以上公务员主管部门规定。

(三)公务员的辞职和辞退

《公务员法》

第八十六条 [不得辞去公职的情形]公务员有下列情形之一的,不得辞去公职:

(一)未满国家规定的最低服务年限的;

(二)在涉及国家秘密等特殊职位任职或者离开上述职位不满国家规定的脱密期限的;

(三)重要公务尚未处理完毕,且须由本人继续处理的;

(四)正在接受审计、纪律审查、监察调查,或者涉嫌犯罪,司法程序尚未终结的;

(五)法律、行政法规规定的其他不得辞去公职的情形。

第八十八条 [辞退的法定事由]公务员有下列情形之一的,予以辞退:

(一)在年度考核中,连续两年被确定为不称职的;

(二)不胜任现职工作,又不接受其他安排的;

(三)因所在机关调整、撤销、合并或者缩减编制员额需要调整工作,本人拒绝合理安排的;

(四)不履行公务员义务,不遵守法律和公务员纪律,经教育仍无转变,不适合继续在机关工作,又不宜给予开除处分的;

(五)旷工或者因公外出、请假期满无正当理由逾期不归连续超过十五天,或者一年内累计超过三十天的。

第八十九条 [不得辞退的情形]对有下列情形之一的公务员,不得辞退:

(一)因公致残,被确认丧失或者部分丧失工作能力的;

(二)患病或者负伤,在规定的医疗期内的;

(三)女性公务员在孕期、产假、哺乳期内的;

(四)法律、行政法规规定的其他不得辞退的情形。

(四)申诉制度

《公务员法》

第九十五条 [申请复核、申诉]公务员对涉及本人的下列人事处理不服的,可以自知道该人事处理之日起三十日内向原处理机关申请复核;对复核结果不服的,可以自接到复核决定之日起十五日内,按照规定向同级公务员主管部门或者作出该人事处理的机关的上一级机关提出申诉;也可以不经复核,自知道该人事处理之日起三十日内直接提出申诉:

(一)处分;

(二)辞退或者取消录用;

(三)降职;

(四)定期考核定为不称职;

(五)免职;

(六)申请辞职、提前退休未予批准;

(七)不按照规定确定或者扣减工资、福利、保险待遇;

(八)法律、法规规定可以申诉的其他情形。

对省级以下机关作出的申诉处理决定不服的,可以向作出处理决定的上一级机关提出再申诉。

受理公务员申诉的机关应当组成公务员申诉公正委员会,负责受理和审理公务员的申诉案件。

公务员对监察机关作出的涉及本人的处理决定不服向监察机关申请复审、复核的,按照有关规定办理。

《公务员法》

第九十六条 [复核、申诉决定的作出]原处理机关应当自接到复核申请书后的三十日内作出复核决定,并以书面形式告知申请人。受理公务员申诉的机关应当自受理之日起六十日内作出处理决定;案情复杂的,可以适当延长,但是延长时间不得超过三十日。

复核、申诉期间不停止人事处理的执行。

公务员不因申请复核、提出申诉而被加重处理。

专题四　抽象行政行为

考点6　行政法规

(一)制定权限

《立法法》

第十二条　本法第十一条规定的事项尚未制定法律的,全国人民代表大会及其常务委员会有权作出决定,授权国务院可以根据实际需要,对其中的部分事项先制定行政法规,但是有关犯罪和刑罚、对公民政治权利的剥夺和限制人身自由的强制措施和处罚、司法制度等事项除外。

第十三条　授权决定应当明确授权的目的、事项、范围、期限以及被授权机关实施授权决定应当遵循的原则等。

授权的期限不得超过五年,但是授权决定另有规定的除外。

被授权机关应当在授权期限届满的六个月以前,向授权机关报告授权决定实施的情况,并提出是否需要制定有关法律的意见;需要继续授权的,可以提出相关意见,由全国人民代表大会及其常务委员会决定。

第十四条　授权立法事项,经过实践检验,制定法律的条件成熟时,由全国人民代表大会及其常务委员会及时制定法律。法律制定后,相应立法事项的授权终止。

第十五条　被授权机关应当严格按照授权决定行使被授予的权力。

被授权机关不得将被授予的权力转授给其他机关。

第七十二条　国务院根据宪法和法律,制定行政法规。

行政法规可以就下列事项作出规定:

(一)为执行法律的规定需要制定行政法规的事项;

(二)宪法第八十九条规定的国务院行政管理职权的事项。

应当由全国人民代表大会及其常务委员会制定法律的事项,国务院根据全国人民代表大会及其常务委员会的授权决定先制定的行政法规,经过实践检验,制定法律的条件成熟时,国务院应当及时提请全国人民代表大会及其常务委员会制定法律。

(二)制定程序

(1)立项

《行政法规制定程序条例》

第四条第一款　[报告制度]制定政治方面法律的配套行政法规,应当按照有关规定及时报告党中央。

第八条第一款　[报请立项]国务院有关部门认为需要制定行政法规的,应当于国务院编制年度立法工作计划前,向国务院报请立项。

第九条第一款　[立法要求]国务院法制机构应当根据国家总体工作部署,对行政法规立项申请和公开征集的行政法规制定项目建议进行评估论证,突出重点,统筹兼顾,拟订国务院年度立法工作计划,报党中央、国务院批准后向社会公布。

第十条第三款　[立法计划]国务院年度立法工作计划在执行中可以根据实际情况予以调整。

(2)起草

《立法法》

第七十四条第一款　行政法规由国务院有关部门或者国务院法制机构具体负责起草,重要行政管理的法律、行政法规草案由国务院法制机构组织起草。行政法规在起草过程中,应当广泛听取有关机关、组织、人民代表大会代表和社会公众的意见。听取意见可以采取座谈会、论证会、听证会等多种形式。

《行政法规制定程序条例》

第四条第二款　[报告制度]制定经济、文化、社会、生态文明等方面重大体制和重大政策调整的重要行政法规,应当将行政法规草案或者行政法规草案涉及的重大问题按照有关规定及时报告党中央。

第十条第一款　[立法计划]对列入国务院年度立法工作计划的行政法规项目,承担起草任务的部门应当抓紧工作,按照要求上报国务院;上报国务院前,应当与国务院法制机构沟通。

第十一条　[起草部门]行政法规由国务院组织起草。国务院年度立法工作计划确定行政法规由国务院的一个部门或者几个部门具体负责起草工作,也可以确定由国务院法制机构起草或者组织起草。

第十三条　[听取意见]起草行政法规,起草部门应当深入调查研究,总结实践经验,广泛听取有关机关、组织和公民的意见。涉及社会公众普遍关注的热点难点问题和经济社会发展遇到的突出矛盾、减损公民、法人和其他组织权利或者增加其义务,对社会公众有重要影响等重大利益调整事项的,应当进行论证咨询。听取意见可以采取召开座谈会、论证会、听证会等多种形式。

起草行政法规,起草部门应当将行政法规草案及其说明等向社会公布,征求意见,但是经国务院决定不公布的除外。向社会公布征求意见的期限一般不少于30日。

起草专业性较强的行政法规,起草部门可以吸收相关领域的专家参与起草工作,或者委托有关专家、教学科研单位、社会组织起草。

第十四条　[协商制度]起草行政法规,起草部门应当就涉及其他部门的职责或者与其他部门关系紧密的规定,与有关部门充分协商,涉及部门职责分工、行政许可、财政支持、税收优惠政策的,应当征得机构编制、财政、税务等相关部门同意。

第十六条　[送审稿的签署]起草部门向国务院报送的行政法规草案送审稿(以下简称行政法规送审稿),应当由起草部门主要负责人签署。

起草行政法规,涉及几个部门共同职责需要共同起草的,应当共同起草,达成一致意见后联合报送行政法规送审稿。几个部门共同起草的行政法规送审稿,应当由该几个部门主要负责人共同签署。

(3)审查

《行政法规制定程序条例》

第十八条　[审查标准]报送国务院的行政法规送审稿,由国务院法制机构负责审查。

国务院法制机构主要从以下方面对行政法规送审稿进行审查:

(一)是否严格贯彻落实党的路线方针政策和决策部署,是否符合宪法和法律的规定,是否遵循立法法确定的立法原则;

(二)是否符合本条例第十二条的要求;

(三)是否与有关行政法规协调、衔接;

(四)是否正确处理有关机关、组织和公民对送审稿主要问题的意见;

(五)其他需要审查的内容。

第十九条　[缓办退回]行政法规送审稿有下列情形之一的,国务院法制机构可以缓办或者退回起草部门:

(一)制定行政法规的基本条件尚不成熟或者发生重大变化的;

(二)有关部门对送审稿规定的主要制度存在较大争议,起草部门未征得机构编制、财政、税务等相关部门同意的;

(三)未按照本条例有关规定公开征求意见的;

(四)上报送审稿不符合本条例第十五条、第十六条、第十七条规定的。

第二十条　[征求意见]国务院法制机构应当将行政法规送审稿或者行政法规送审稿涉及的主要问题发送国务院有关部门、地方人民政府、有关组织和专家等各方面征求意见。国务院有关部门、地方人民政府应当在规定期限内反馈书面意见,并加盖本单位或者本单位办公厅(室)印章。

国务院法制机构可以将行政法规送审稿或者修改稿及其说明向社会公布,征求意见。向社会公布征求意见的期限一般不少于30日。

第二十二条　[听证]行政法规送审稿涉及重大利益调整的,国务院法制机构应当进行论证咨询,广泛听取有关方面的意见。论证咨询可以采取座谈会、论证会、听证会、委托研究等多种形式。

行政法规送审稿涉及重大利益调整或者存在重大意见分歧,对公民、法人或者其他组织的权利义务有较大影响,人民群众普遍关注的,国务院法制机构可以举行听证会,听取有关机关、组织和公民的意见。

第二十三条　[协调程序]国务院有关部门对行政法规送审稿涉及的主要制度、方针政策、管理体制、权限分工等有不同意见的,国务院法制机构应当进行协调,力求达成一致意见。对有较大争议的重要立法事项,国务院法制机构可以委托有关专家、教学科研单位、社会组织进行评估。

经过充分协调不能达成一致意见的,国务院法制机构、起草部门应当将争议的主要问题、有关部门的意见以及国务院法制机构的意见及时报国务院领导协调,或者报国务院决定。

第二十五条　[传批]行政法规草案由国务院法制机构主要负责人提出提请国务院常务会议审议的建议;对调整范围单一、各方面意见一致或者依据法律制定的配套行政法规草案,可以采取传批方式,由国务院法制机构直接提请国务院审批。

(4)决定与公布

《行政法规制定程序条例》

第二十六条　[审议与说明]行政法规草案由国务院常务会议审议,或者由国务院审批。

国务院常务会议审议行政法规草案时,由国务院法制机构或者起草部门作说明。

第二十七条　[签署公布]国务院法制机构应当根据国务院对行政法规草案的审议意见,对行政法规草案进行修改,形成草案修改稿,报请总理签署国务院令公布施行。

签署公布行政法规的国务院令载明该行政法规的施行日期。

第二十八条　[标准文本]行政法规签署公布后,及时在国务院公报和中国政府法制信息网以及在全国范围内发行的报纸上刊载。国务院法制机构应当及时汇编出版行政法规的国家正式版本。

在国务院公报上刊登的行政法规文本为标准文本。

第二十九条　[施行日期]行政法规应当自公布之日起30日后施行;但是,涉及国家安全、外汇汇率、货币政策的确定以及公布后不立即施行将有碍行政法规施行的,可以自公布之日起施行。

(5)备案

《行政法规制定程序条例》

第三十条　[备案]行政法规在公布后的30日内由国务院办公厅报全国人民代表大会常务委员会备案。

(6)解释

《行政法规制定程序条例》

第三十一条　[解释]行政法规有下列情形之一的,由国务院解释:

(一)行政法规的规定需要进一步明确具体含义的;

(二)行政法规制定后出现新的情况,需要明确适用行政法规依据的。

国务院法制机构研究拟订行政法规解释草案,报国务院同意后,由国务院公布或者由国务院授权国务院有关部门公布。

行政法规的解释与行政法规具有同等效力。

第三十二条　[解释要求]国务院各部门和省、自治区、直辖市人民政府可以向国务院提出行政法规解释要求。

第三十三条　[答复]对属于行政工作中具体应用行政法规的问题,省、自治区、直辖市人民政府法制机构以及国务院有关部门法制机构请求国务院法制机构解释的,国务院法制机构可以研究答复;其中涉及重大问题

· 46 ·

的,由国务院法制机构提出意见,报国务院同意后答复。

(7)监督

《行政法规制定程序条例》

第三十六条 [清理]国务院法制机构或者国务院有关部门应当根据全面深化改革、经济社会发展需要以及上位法规定,及时组织开展行政法规清理工作。对不适应全面深化改革和经济社会发展要求、不符合上位法规定的行政法规,应当及时修改或者废止。

第三十七条 [评估]国务院法制机构或者国务院有关部门可以组织对有关行政法规或者行政法规中的有关规定进行立法后评估,并把评估结果作为修改、废止有关行政法规的重要参考。

考点7 行政规章

(一)制定主体及权限

《立法法》

第九十一条 国务院各部、委员会、中国人民银行、审计署和具有行政管理职能的直属机构以及法律规定的机构,可以根据法律和国务院的行政法规、决定、命令,在本部门的权限范围内,制定规章。

部门规章规定的事项应当属于执行法律或者国务院的行政法规、决定、命令的事项。没有法律或者国务院的行政法规、决定、命令的依据,部门规章不得设定减损公民、法人和其他组织权利或者增加其义务的规范,不得增加本部门的权力或者减少本部门的法定职责。

第九十二条 涉及两个以上国务院部门职权范围的事项,应当提请国务院制定行政法规或者由国务院有关部门联合制定规章。

第九十三条 省、自治区、直辖市和设区的市、自治州的人民政府,可以根据法律、行政法规和本省、自治区、直辖市的地方性法规,制定规章。

地方政府规章可以就下列事项作出规定:
(一)为执行法律、行政法规、地方性法规的规定需要制定规章的事项;
(二)属于本行政区域的具体行政管理事项。

设区的市、自治州的人民政府根据本条第一款、第二款制定地方政府规章,限于城乡建设与管理、生态文明建设、历史文化保护、基层治理等方面的事项。已经制定的地方政府规章,涉及上述事项范围以外的,继续有效。

除省、自治区的人民政府所在地的市,经济特区所在地的市和国务院已经批准的较大的市以外,其他设区的市、自治州的人民政府开始制定规章的时间,与本省、自治区人民代表大会常务委员会确定的本市、自治州开始制定地方性法规的时间同步。

应当制定地方性法规但条件尚不成熟的,因行政管理迫切需要,可以先制定地方政府规章。规章实施满两年需要继续实施规章所规定的行政措施的,应当提请本级人民代表大会或者其常务委员会制定地方性法规。

没有法律、行政法规、地方性法规的依据,地方政府规章不得设定减损公民、法人和其他组织权利或者增加其义务的规范。

《规章制定程序条例》

第九条 [联合制定规章]涉及国务院两个以上部门职权范围的事项,制定行政法规条件尚不成熟,需要制定规章的,国务院有关部门应当联合制定规章。

有前款规定情形的,国务院有关部门单独制定的规章无效。

(二)制定程序

(1)立项

《规章制定程序条例》

第十条 [报请立项]国务院部门内设机构或者其他机构认为需要制定部门规章的,应当向该部门报请立项。

省、自治区、直辖市和设区的市、自治州的人民政府所属工作部门或者下级人民政府认为需要制定地方政府规章的,应当向该省、自治区、直辖市或者设区的市、自治州的人民政府报请立项。

国务院部门,省、自治区、直辖市和设区的市、自治州的人民政府,可以向社会公开征集规章制定项目建议。

(2)起草

《规章制定程序条例》

第十四条 [起草机构]部门规章由国务院部门组织起草,地方政府规章由省、自治区、直辖市和设区的市、自治州的人民政府组织起草。

国务院部门可以确定规章由其一个或者几个内设机构或者其他机构具体负责起草工作,也可以确定由其法制机构起草或者组织起草。

省、自治区、直辖市和设区的市、自治州的人民政府可以确定规章由其一个或者几个部门具体负责起草工作,也可以确定由其法制机构起草或者组织起草。

第十五条 [研究论证]起草规章,应当深入调查研究,总结实践经验,广泛听取有关机关、组织和公民的意见。听取意见可以采取书面征求意见、座谈会、论证会、听证会等多种形式。

起草规章,除依法需要保密的外,应当将规章草案及其说明等向社会公布,征求意见。向社会公布征求意见的期限一般不少于30日。

起草专业性较强的规章,可以吸收相关领域的专家参与起草工作,或者委托有关专家、教学科研单位、社会组织起草。

第十六条 [听证]起草规章,涉及社会公众普遍关注的热点难点问题和经济社会发展遇到的突出矛盾,减损公民、法人和其他组织权利或者增加其义务,对社会公众有重要影响或重大利益调整事项的,起草单位应当进行论证咨询,广泛听取有关方面的意见。

起草的规章涉及重大利益调整或者存在重大意见分歧,对公民、法人或者其他组织的权利义务有较大影响,人民群众普遍关注,需要进行听证的,起草单位应当举行听证会听取意见。听证会依照下列程序组织:
(一)听证会公开举行,起草单位应当在举行听证会的30日前公布听证会的时间、地点和内容;
(二)参加听证会的有关机关、组织和公民对起草的规章,有权提问和发表意见;

(三)听证会应当制作笔录,如实记录发言人的主要观点和理由;

(四)起草单位应当认真研究听证会反映的各种意见,起草的规章在报送审查时,应当说明对听证会意见的处理情况及其理由。

第十八条 [说明标准]起草单位应当将规章送审稿及其说明、对规章送审稿主要问题的不同意见和其他有关材料按规定报送审查。

报送审查的规章送审稿,应当由起草单位主要负责人签署;几个起草单位共同起草的规章送审稿,应当由该几个起草单位主要负责人共同签署。

规章送审稿的说明应当对制定规章的必要性、规定的主要措施、有关方面的意见及其协调处理情况等作出说明。

有关材料主要包括所规范领域的实际情况和相关数据、实践中存在的主要问题、汇总的意见、听证会笔录、调研报告、国内外有关立法资料等。

(3)审查

《规章制定程序条例》

第二十条 [缓办退回]规章送审稿有下列情形之一的,法制机构可以缓办或者退回起草单位:

(一)制定规章的基本条件尚不成熟或者发生重大变化的;

(二)有关机构或者部门对规章送审稿规定的主要制度存在较大争议,起草单位未与有关机构或者部门充分协商的;

(三)未按照本条例有关规定公开征求意见的;

(四)上报送审稿不符合本条例第十八条规定的。

第二十一条 [征求意见]法制机构应当将规章送审稿或者规章送审稿涉及的主要问题发送有关机关、组织和专家征求意见。

法制机构可以将规章送审稿或者修改稿及其说明等向社会公布,征求意见。向社会公布征求意见的期限一般不少于30日。

第二十三条 [听证]规章送审稿涉及重大利益调整的,法制机构应当进行论证咨询,广泛听取有关方面的意见。论证咨询可以采取座谈会、论证会、听证会、委托研究等多种形式。

规章送审稿涉及重大利益调整或者存在重大意见分歧,对公民、法人或者其他组织的权利义务有较大影响,人民群众普遍关注,起草单位在起草过程中未举行听证会的,法制机构经本部门或者本级人民政府批准,可以举行听证会。举行听证会的,应当依照本条例第十六条规定的程序组织。

第二十四条 [协调处理]有关机构或者部门对规章送审稿涉及的主要措施、管理体制、权限分工等问题有不同意见的,法制机构应当进行协调,力求达成一致意见。对有较大争议的重要立法事项,法制机构可以委托有关专家、教学科研单位、社会组织进行评估。

经过充分协调不能达成一致意见的,法制机构应当将主要问题、有关机构或者部门的意见和法制机构的意见及时报本部门或者本级人民政府领导协调,或者报本部门或者本级人民政府决定。

第二十五条 [草案说明]法制机构应当认真研究各方面的意见,与起草单位协商后,对规章送审稿进行修改,形成规章草案和对草案的说明。说明应当包括制定规章拟解决的主要问题、确立的主要措施以及与有关部门的协调情况等。

规章草案和说明应由法制机构主要负责人签署,提出提请本部门或者本级人民政府有关会议审议的建议。

(4)决定与公布

《规章制定程序条例》

第二十七条 [决定程序]部门规章应当经部务会议或者委员会会议决定。

地方政府规章应当经政府常务会议或者全体会议决定。

第二十八条 [审议说明]审议规章草案时,由法制机构作说明,也可以由起草单位作说明。

第二十九条 [公布]法制机构应当根据有关会议审议意见对规章草案进行修改,形成草案修改稿,报请本部门首长或者省长、自治区主席、市长、自治州州长签署命令予以公布。

第三十一条 [标准文本]部门规章签署公布后,及时在国务院公报或者部门公报和中国政府法制信息网以及在全国范围内发行的报纸上刊载。

地方政府规章签署公布后,及时在本级人民政府公报和中国政府法制信息网以及在本行政区域范围内发行的报纸上刊载。

在国务院公报或者部门公报和地方人民政府公报上刊登的规章文本为标准文本。

(5)备案

《立法法》

第一百零九条 行政法规、地方性法规、自治条例和单行条例、规章应当在公布后的三十日内依照下列规定报有关机关备案:

……

(四)部门规章和地方政府规章报国务院备案;地方政府规章应当同时报本级人民代表大会常务委员会备案;设区的市、自治州的人民政府制定的规章应当同时报省、自治区的人民代表大会常务委员会和人民政府备案;

……

(6)解释

《规章制定程序条例》

第三十三条 [解释]规章解释权属于规章制定机关。

规章有下列情形之一的,由制定机关解释:

(一)规章的规定需要进一步明确具体含义的;

(二)规章制定后出现新的情况,需要明确适用规章依据的。

规章解释由规章制定机关的法制机构参照规章送审稿审查程序提出意见,报请制定机关批准后公布。

规章的解释同规章具有同等效力。

第三十五条　[审查建议]国家机关、社会团体、企业事业组织、公民认为规章同法律、行政法规相抵触的,可以向国务院书面提出审查的建议,由国务院法制机构研究并提出处理意见,按照规定程序处理。

国家机关、社会团体、企业事业组织、公民认为设区的市、自治州的人民政府规章同法律、行政法规相抵触或者违反其他上位法的规定的,也可以向本省、自治区人民政府书面提出审查的建议,由省、自治区人民政府法制机构研究并提出处理意见,按照规定程序处理。

(7)监督

《规章制定程序条例》

第四条　[报告制度]制定政治方面法律的配套规章,应当按照有关规定及时报告党中央或者同级党委(党组)。

制定重大经济社会方面的规章,应当按照有关规定及时报告同级党委(党组)。

专题六　行政许可

考点10　行政许可的设定

1 第十四条　[行政许可的设定权]本法第十二条所列事项,法律可以设定行政许可。尚未制定法律的,行政法规可以设定行政许可。

必要时,国务院可以采用发布决定的方式设定行政许可。实施后,除临时性行政许可事项外,国务院应当及时提请全国人民代表大会及其常务委员会制定法律,或者自行制定行政法规。

第十五条　[地方性法规、省级政府规章设定许可的限制]本法第十二条所列事项,尚未制定法律、行政法规的,地方性法规可以设定行政许可;尚未制定法律、行政法规和地方性法规的,因行政管理的需要,确需立即实施行政许可的,省、自治区、直辖市人民政府规章可以设定临时性的行政许可。临时性的行政许可实施满一年需要继续实施的,应当提请本级人民代表大会及其常务委员会制定地方性法规。

地方性法规和省、自治区、直辖市人民政府规章,不得设定应当由国家统一确定的公民、法人或者其他组织的资格、资质的行政许可;不得设定企业或者其他组织的设立登记及其前置性行政许可。其设定的行政许可,不得限制其他地区的个人或者企业到本地区从事生产经营和提供服务,不得限制其他地区的商品进入本地区市场。〔2017年真题~行政许可的设定;2011年真题~前置性许可〕

第十六条　[行政法规、地方性法规、规章的行政许可规定权]行政法规可以在法律设定的行政许可事项范围内,对实施该行政许可作出具体规定。

地方性法规可以在法律、行政法规设定的行政许可事项范围内,对实施该行政许可作出具体规定。

规章可以在上位法设定的行政许可事项范围内,对实施该行政许可作出具体规定。

法规、规章对实施上位法设定的行政许可作出的具体规定,不得增设行政许可;对行政许可条件作出的具体规定,不得增设违反上位法的其他条件。〔2017年真题~行政许可的设定〕

《行政处罚法》

第十一条　行政法规可以设定除限制人身自由以外的行政处罚。

法律对违法行为已经作出行政处罚规定,行政法规需要作出具体规定的,必须在法律规定的给予行政处罚的行为、种类和幅度的范围内规定。

法律对违法行为未作出行政处罚规定,行政法规为实施法律,可以补充设定行政处罚。拟补充设定行政处罚的,应当通过听证会、论证会等形式广泛听取意见,并向制定机关作出书面说明。行政法规报送备案时,应当说明补充设定行政处罚的情况。

第十二条　地方性法规可以设定除限制人身自由、吊销营业执照以外的行政处罚。

法律、行政法规对违法行为已经作出行政处罚规定,地方性法规需要作出具体规定的,必须在法律、行政法规规定的给予行政处罚的行为、种类和幅度的范围内规定。

法律、行政法规对违法行为未作出行政处罚规定,地方性法规为实施法律、行政法规,可以补充设定行政处罚。拟补充设定行政处罚的,应当通过听证会、论证会等形式广泛听取意见,并向制定机关作出书面说明。地方性法规报送备案时,应当说明补充设定行政处罚的情况。

第十三条　国务院部门规章可以在法律、行政法规规定的给予行政处罚的行为、种类和幅度的范围内作出具体规定。

尚未制定法律、行政法规的,国务院部门规章对违反行政管理秩序的行为,可以设定警告、通报批评或者一定数额罚款的行政处罚。罚款的限额由国务院规定。

第十四条　地方政府规章可以在法律、法规规定的给予行政处罚的行为、种类和幅度的范围内作出具体规定。

尚未制定法律、法规的,地方政府规章对违反行政管理秩序的行为,可以设定警告、通报批评或者一定数额罚款的行政处罚。罚款的限额由省、自治区、直辖市人民代表大会常务委员会规定。

《行政强制法》

第十条　[行政强制措施的设定权]行政强制措施由法律设定。

尚未制定法律,且属于国务院行政管理职权事项的,行政法规可以设定除本法第九条第一项、第四项和应当由法律规定的行政强制措施以外的其他行政强制措施。

尚未制定法律、行政法规,且属于地方性事务的,地方性法规可以设定本法第九条第二项、第三项的行政强制措施。

法律、法规以外的其他规范性文件不得设定行政强制措施。

第十一条　[行政强制措施设定的统一性]法律对行政强制措施的对象、条件、种类作了规定的,行政法规、地方性法规不得作出扩大规定。

法律中未设定行政强制措施的,行政法规、地方性法规不得设定行政强制措施。但是,法律规定特定事项由行政法规规定具体管理措施的,行政法规可以设定除本法第九条第一项、第四项和应当由法律规定的行政强制措施以外的其他行政强制措施。

❷ 第十七条 [设定行政许可的排除范围]除本法第十四条、第十五条规定的外,其他规范性文件一律不得设定行政许可。

《行政处罚法》

第十六条 除法律、法规、规章外,其他规范性文件不得设定行政处罚。

❸ 第二十一条 [设定行政许可后的停止实施条件]省、自治区、直辖市人民政府对行政法规设定的有关经济事务的行政许可,根据本行政区域经济和社会发展情况,认为通过本法第十三条所列方式能够解决的,报国务院批准后,可以在本行政区域内停止实施该行政许可。

《行政处罚法》

第十五条 国务院部门和省、自治区、直辖市人民政府及其有关部门应当定期组织评估行政处罚的实施情况和必要性,对不适当的行政处罚事项及种类、罚款数额等,应当提出修改或者废止的建议。

考点11 行政许可的实施机关与实施程序

(一)行政许可的集中实施(与行政处罚、行政强制比较)

第二十五条 [集中许可权]经国务院批准,省、自治区、直辖市人民政府根据精简、统一、效能的原则,可以决定一个行政机关行使有关行政机关的行政许可权。

第二十六条 [一个窗口对外和一站式办理]行政许可需要行政机关内设的多个机构办理的,该行政机关应当确定一个机构统一受理行政许可申请,统一送达行政许可决定。

行政许可依法由地方人民政府两个以上部门分别实施的,本级人民政府可以确定一个部门受理行政许可申请并转告有关部门分别提出意见后统一办理,或者组织有关部门联合办理、集中办理。

《行政处罚法》

第十八条 国家在城市管理、市场监管、生态环境、文化市场、交通运输、应急管理、农业等领域推行建立综合行政执法制度,相对集中行政处罚权。

国务院或者省、自治区、直辖市人民政府可以决定一个行政机关行使有关行政机关的行政处罚权。

限制人身自由的行政处罚权只能由公安机关和法律规定的其他机关行使。

《行政强制法》

第十七条第二款 依据《中华人民共和国行政处罚法》的规定行使相对集中行政处罚权的行政机关,可以实施法律、法规规定的与行政处罚权有关的行政强制措施。

(二)行政许可实施的一般程序

第二十九条 [行政许可申请]公民、法人或者其他组织从事特定活动,依法需要取得行政许可的,应当向行政机关提出申请。申请书需要采用格式文本的,行政机关应当向申请人提供行政许可申请书格式文本。申请书格式文本中不得包含与申请行政许可事项没有直接关系的内容。

申请人可以委托代理人提出行政许可申请。但是,依法应当由申请人到行政机关办公场所提出行政许可申请的除外。

行政许可申请可以通过信函、电报、电传、传真、电子数据交换和电子邮件等方式提出。

第三十一条 [诚信原则]申请人申请行政许可,应当如实向行政机关提交有关材料和反映真实情况,并对其申请材料实质内容的真实性负责。行政机关不得要求申请人提交与其申请的行政许可事项无关的技术资料和其他材料。

行政机关及其工作人员不得以转让技术作为取得行政许可的条件;不得在实施行政许可的过程中,直接或者间接地要求转让技术。

第三十二条 [对申请的不同处理]行政机关对申请人提出的行政许可申请,应当根据下列情况分别作出处理:

(一)申请事项依法不需要取得行政许可的,应当即时告知申请人不受理;

(二)申请事项依法不属于本行政机关职权范围的,应当即时作出不予受理的决定,并告知申请人向有关行政机关申请;

(三)申请材料存在可以当场更正的错误的,应当允许申请人当场更正;

(四)申请材料不齐全或者不符合法定形式的,应当当场或者在五日内一次告知申请人需要补正的全部内容,逾期不告知的,自收到申请材料之日起即为受理;

(五)申请事项属于本行政机关职权范围,申请材料齐全、符合法定形式,或者申请人按照本行政机关的要求提交全部补正申请材料的,应当受理行政许可申请。

行政机关受理或者不予受理行政许可申请,应当出具加盖本行政机关专用印章和注明日期的书面凭证。

第三十四条 [对申请的审查与决定]行政机关应当对申请人提交的申请材料进行审查。

申请人提交的申请材料齐全、符合法定形式,行政机关能够当场作出决定的,应当当场作出书面的行政许可决定。

根据法定条件和程序,需要对申请材料的实质内容进行核实的,行政机关应当指派两名以上工作人员进行核查。

第三十六条 [利害关系人的知情权]行政机关对行政许可申请进行审查时,发现行政许可事项直接关系他人重大利益的,应当告知该利害关系人。申请人、利害关系人有权进行陈述和申辩。行政机关应当听取申请人、利害关系人的意见。

第三十八条 [行政许可书面决定]申请人的申请符合法定条件、标准的,行政机关应当依法作出准予行政许可的书面决定。

行政机关依法作出不予行政许可的书面决定的,应当说明理由,并告知申请人享有依法申请行政复议或者提起行政诉讼的权利。

第四十条 [公开准予许可决定]行政机关作出的准予行政许可决定,应当予以公开,公众有权查阅。

第四十二条 [行政许可的期限]除可以当场作出行政许可决定的外,行政机关应当自受理行政许可申请之日起二十日内作出行政许可决定。二十日内不能作出决定的,经本行政机关负责人批准,可以延长十日,并应当将延长期限的理由告知申请人。但是,法律、法规另有规定的,依照其规定。

依照本法第二十六条的规定,行政许可采取统一办理或者联合办理、集中办理的,办理的时间不得超过四十五日;四十五日内不能办结的,经本级人民政府负责人批准,可以延长十五日,并应当将延长期限的理由告知申请人。

第四十三条 [下级行政机关的审查期限]依法应当先经下级行政机关审查后报上级行政机关决定的行政许可,下级行政机关应当自其受理行政许可申请之日起二十日内审查完毕。但是,法律、法规另有规定的,依照其规定。

第四十四条 [颁布许可证件的期限]行政机关作出准予行政许可的决定,应当自作出决定之日起十日内向申请人颁发、送达行政许可证件,或者加贴标签、加盖检验、检测、检疫印章。

第四十五条 [期限计算的特殊规定]行政机关作出行政许可决定,依法需要听证、招标、拍卖、检验、检测、检疫、鉴定和专家评审的,所需时间不计算在本节规定的期限内。行政机关应当将所需时间书面告知申请人。

(三)行政许可实施的听证程序

第四十六条 [听证的前提条件]法律、法规、规章规定实施行政许可应当听证的事项,或者行政机关认为需要听证的其他涉及公共利益的重大行政许可事项,行政机关应当向社会公告,并举行听证。

第四十七条 [告知听证权制度]行政许可直接涉及申请人与他人之间重大利益关系的,行政机关在作出行政许可决定前,应当告知申请人、利害关系人享有要求听证的权利;申请人、利害关系人在被告知听证权利之日起五日内提出听证申请的,行政机关应当在二十日内组织听证。

申请人、利害关系人不承担行政机关组织听证的费用。

第四十八条 [听证程序及听证笔录]听证按照下列程序进行:

(一)行政机关应当于举行听证的七日前将举行听证的时间、地点通知申请人、利害关系人,必要时予以公告;

(二)听证应当公开举行;

(三)行政机关应当指定审查该行政许可申请的工作人员以外的人员为听证主持人,申请人、利害关系人认为主持人与该行政许可事项有直接利害关系的,有权申请回避;

(四)举行听证时,审查该行政许可申请的工作人员应当提供审查意见的证据、理由,申请人、利害关系人可以提出证据,并进行申辩和质证;

(五)听证应当制作笔录,听证笔录应当交听证参加人确认无误后签字或者盖章。

行政机关应当根据听证笔录,作出行政许可决定。

(四)行政许可的延续

第五十条 [延续许可]被许可人需要延续依法取得的行政许可的有效期的,应当在该行政许可有效期届满三十日前向作出行政许可决定的行政机关提出申请。但是,法律、法规、规章另有规定的,依照其规定。

行政机关应当根据被许可人的申请,在该行政许可有效期届满前作出是否准予延续的决定;逾期未作决定的,视为准予延续。[2016年真题~行政许可的延续]

考点12 行政许可的撤销、撤回、注销与吊销

(一)责令改正

第六十六条 [违法履行义务的处理]被许可人未依法履行开发利用自然资源义务或者未依法履行利用公共资源义务的,行政机关应当责令限期改正;被许可人在规定期限内不改正的,行政机关应当依照有关法律、行政法规的规定予以处理。[2022年回忆~被许可人的法律责任]

(二)撤销

第六十九条 [撤销许可的情形]有下列情形之一的,作出行政许可决定的行政机关或者其上级行政机关,根据利害关系人的请求或者依据职权,可以撤销行政许可:

(一)行政机关工作人员滥用职权、玩忽职守作出准予行政许可决定的;

(二)超越法定职权作出准予行政许可决定的;

(三)违反法定程序作出准予行政许可决定的;

(四)对不具备申请资格或者不符合法定条件的申请人准予行政许可的;

(五)依法可以撤销行政许可的其他情形。

被许可人以欺骗、贿赂等不正当手段取得行政许可的,应当予以撤销。

依照前两款的规定撤销行政许可,可能对公共利益造成重大损害的,不予撤销。

依照本条第一款的规定撤销行政许可,被许可人的合法权益受到损害的,行政机关应当依法给予赔偿。依照本条第二款的规定撤销行政许可的,被许可人基于行政许可取得的利益不受保护。

《行政许可案件规定》

第七条 作为被诉行政许可行为基础的其他行政决定或者文书存在以下情形之一的,人民法院不予认可:

(一)明显缺乏事实根据;

(二)明显缺乏法律依据;

(三)超越职权;

(四)其他重大明显违法情形。[2012年真题~法院对行政许可案件的审理]

(三)注销

第七十条 [注销许可的情形]有下列情形之一的,行政机关应当依法办理有关行政许可的注销手续:

（一）行政许可有效期届满未延续的；
（二）赋予公民特定资格的行政许可，该公民死亡或者丧失行为能力的；
（三）法人或者其他组织依法终止的；
（四）行政许可依法被撤销、撤回，或者行政许可证件依法被吊销的；
（五）因不可抗力导致行政许可事项无法实施的；
（六）法律、法规规定的应当注销行政许可的其他情形。

(四)撤回

第八条第二款 ［许可的撤回］行政许可所依据的法律、法规、规章修改或者废止，或者准予行政许可所依据的客观情况发生重大变化的，为了公共利益的需要，行政机关可以依法变更或者撤回已经生效的行政许可。由此给公民、法人或者其他组织造成财产损失的，行政机关应当依法给予补偿。〔2021年回忆~行政许可中的补偿责任〕

专题七　行政处罚

考点14　行政处罚的种类

第二条　行政处罚是指行政机关依法对违反行政管理秩序的公民、法人或者其他组织，以减损权益或者增加义务的方式予以惩戒的行为。〔2022年回忆~治安管理处罚行为的认定〕

第九条　行政处罚的种类：
（一）警告、通报批评；
（二）罚款、没收违法所得、没收非法财物；
（三）暂扣许可证件、降低资质等级、吊销许可证件；
（四）限制开展生产经营活动、责令停产停业、责令关闭、限制从业；
（五）行政拘留；
（六）法律、行政法规规定的其他行政处罚。

《治安管理处罚法》
第十条　[治安处罚的种类]治安管理处罚的种类分为：
（一）警告；
（二）罚款；
（三）行政拘留；
（四）吊销公安机关发放的许可证。
对违反治安管理的外国人，可以附加适用限期出境或者驱逐出境。

《行政强制法》
第二条　[行政强制的定义]本法所称行政强制，包括行政强制措施和行政强制执行。
行政强制措施，是指行政机关在行政管理过程中，为制止违法行为、防止证据损毁、避免危害发生、控制危险扩大等情形，依法对公民的人身自由实施暂时性限制，或者对公民、法人或者其他组织的财物实施暂时性控制的行为。
行政强制执行，是指行政机关或者行政机关申请人民法院，对不履行行政决定的公民、法人或者其他组织，依法强制履行义务的行为。

第九条　[行政强制措施的种类]行政强制措施的种类：
（一）限制公民人身自由；
（二）查封场所、设施或者财物；
（三）扣押财物；
（四）冻结存款、汇款；
（五）其他行政强制措施。

第十二条　[行政强制执行的方式]行政强制执行的方式：
（一）加处罚款或者滞纳金；
（二）划拨存款、汇款；
（三）拍卖或者依法处理查封、扣押的场所、设施或者财物；
（四）排除妨碍、恢复原状；
（五）代履行；
（六）其他强制执行方式。

考点15　行政处罚的设定

(一)法律
第十条　法律可以设定各种行政处罚。
限制人身自由的行政处罚，只能由法律设定。

(二)行政法规
第十一条　行政法规可以设定除限制人身自由以外的行政处罚。
法律对违法行为已经作出行政处罚规定，行政法规需要作出具体规定的，必须在法律规定的给予行政处罚的行为、种类和幅度的范围内规定。
法律对违法行为未作出行政处罚规定，行政法规为实施法律，可以补充设定行政处罚。拟补充设定行政处罚的，应当通过听证会、论证会等形式广泛听取意见，并向制定机关作出书面说明。行政法规报送备案时，应当说明补充设定行政处罚的情况。

(三)地方性法规
第十二条　地方性法规可以设定除限制人身自由、吊销营业执照以外的行政处罚。
法律、行政法规对违法行为已经作出行政处罚规定，地方性法规需要作出具体规定的，必须在法律、行政法规规定的给予行政处罚的行为、种类和幅度的范围内规定。
法律、行政法规对违法行为未作出行政处罚规定，地方性法规为实施法律、行政法规，可以补充设定行政处罚。拟补充设定行政处罚的，应当通过听证会、论证会等形式广泛听取意见，并向制定机关作出书面说明。地方性法规报送备案时，应当说明补充设定行政处罚的情况。

(四)规章
第十三条　国务院部门规章可以在法律、行政法规规定的给予行政处罚的行为、种类和幅度的范围内作出具体规定。
尚未制定法律、行政法规的，国务院部门规章对违反行政管理秩序的行为，可以设定警告、通报批评或者一定数额罚款的行政处罚。罚款的限额由国务院规定。

第十四条　地方政府规章可以在法律、法规规定的给予行政处罚的行为、种类和幅度的范围内作出具体规定。

尚未制定法律、法规的，地方政府规章对违反行政管理秩序的行为，可以设定警告、通报批评或者一定数额罚款的行政处罚。罚款的限额由省、自治区、直辖市人民代表大会常务委员会规定。

考点16　行政处罚决定程序与执行程序
(一)行政处罚的实施机关
(1)行政机关
❶第十七条　行政处罚由具有行政处罚权的行政机关在法定职权范围内实施。

《治安管理处罚法》
第九十一条　[处罚决定机关]治安管理处罚由县级以上人民政府公安机关决定；其中警告、五百元以下的罚款可以由公安派出所决定。

❷第十八条　国家在城市管理、市场监管、生态环境、文化市场、交通运输、应急管理、农业等领域推行建立综合行政执法制度，相对集中行政处罚权。

国务院或者省、自治区、直辖市人民政府可以决定一个行政机关行使有关行政机关的行政处罚权。

限制人身自由的行政处罚权只能由公安机关和法律规定的其他机关行使。

(2)授权组织
第十九条　法律、法规授权的具有管理公共事务职能的组织可以在法定授权范围内实施行政处罚。

(3)委托组织
第二十条　行政机关依照法律、法规、规章的规定，可以在其法定权限内书面委托符合本法第二十一条规定条件的组织实施行政处罚。行政机关不得委托其他组织或者个人实施行政处罚。

委托书应当载明委托的具体事项、权限、期限等内容。委托行政机关和受委托组织应当将委托书向社会公布。

委托行政机关对受委托组织实施行政处罚的行为应当负责监督，并对该行为的后果承担法律责任。

受委托组织在委托范围内，以委托行政机关名义实施行政处罚；不得再委托其他组织或者个人实施行政处罚。

第二十一条　受委托组织必须符合以下条件：
(一)依法成立并具有管理公共事务职能；
(二)有熟悉有关法律、法规、规章和业务并取得行政执法资格的工作人员；
(三)需要进行技术检查或者技术鉴定的，应当有条件组织进行相应的技术检查或者技术鉴定。

(二)行政处罚的实施规则
(1)一事不再罚
第二十九条　对当事人的同一个违法行为，不得给予两次以上罚款的行政处罚。同一个违法行为违反多个法律规范应当给予罚款处罚的，按照罚款数额高的规定处罚。

(2)从轻、减轻、不予处罚的情形
❶第三十条　不满十四周岁的未成年人有违法行为的，不予行政处罚，责令监护人加以管教；已满十四周岁不满十八周岁的未成年人有违法行为的，应当从轻或者减轻行政处罚。

《治安管理处罚法》
第十二条　已满十四周岁不满十八周岁的人违反治安管理的，从轻或者减轻处罚；不满十四周岁的人违反治安管理的，不予处罚，但是应当责令其监护人严加管教。

❷第三十二条　当事人有下列情形之一，应当从轻或者减轻行政处罚：
(一)主动消除或者减轻违法行为危害后果的；
(二)受他人胁迫或者诱骗实施违法行为的；
(三)主动供述行政机关尚未掌握的违法行为的；
(四)配合行政机关查处违法行为有立功表现的；
(五)法律、法规、规章规定其他应当从轻或者减轻行政处罚的。

《治安管理处罚法》
第十九条　[减轻或者免除处罚的情形]违反治安管理有下列情形之一的，减轻处罚或者不予处罚：
(一)情节特别轻微的；
(二)主动消除或者减轻违法后果，并取得被侵害人谅解的；
(三)出于他人胁迫或者诱骗的；
(四)主动投案，向公安机关如实陈述自己的违法行为的；
(五)有立功表现的。

第二十条　[从重处罚的情形]违反治安管理有下列情形之一的，从重处罚：
(一)有较严重后果的；
(二)教唆、胁迫、诱骗他人违反治安管理的；
(三)对报案人、控告人、举报人、证人打击报复的；
(四)六个月内曾受过治安管理处罚的。

❸第三十三条　违法行为轻微并及时改正，没有造成危害后果的，不予行政处罚。初次违法且危害后果轻微并及时改正的，可以不予行政处罚。

当事人有证据足以证明没有主观过错的，不予行政处罚。法律、行政法规另有规定的，从其规定。

对当事人的违法行为依法不予行政处罚的，行政机关应当对当事人进行教育。

《治安管理处罚法》
第九条　[治安案件调解处理]对于因民间纠纷引起的打架斗殴或者损毁他人财物等违反治安管理行为，情节较轻的，公安机关可以调解处理。经公安机关调解，当事人达成协议的，不予处罚。经调解未达成协议或者达成协议后不履行的，公安机关应当依本法的规定对违反治安管理行为人给予处罚，并告知当事人可以就民事争议依法向人民法院提起民事诉讼。

第二十一条　[不执行行政拘留的情形]违反治安管理行为人有下列情形之一，依照本法规定应当给予行政拘留处罚的，不执行行政拘留处罚：

（一）已满十四周岁不满十六周岁的；
（二）已满十六周岁不满十八周岁，初次违反治安管理的；
（三）七十周岁以上的；
（四）怀孕或者哺乳自己不满一周岁婴儿的。

(3) 处罚时效

第三十六条 违法行为在二年内未被发现的，不再给予行政处罚；涉及公民生命健康安全、金融安全且有危害后果的，上述期限延长至五年。法律另有规定的除外。

前款规定的期限，从违法行为发生之日起计算；违法行为有连续或者继续状态的，从行为终了之日起计算。

(4) 新旧法的适用

第三十七条 实施行政处罚，适用违法行为发生时的法律、法规、规章的规定。但是，作出行政处罚决定时，法律、法规、规章已被修改或者废止，且新的规定处罚较轻或者不认为是违法的，适用新的规定。

(5) 处罚的无效情形

第三十八条 行政处罚没有依据或者实施主体不具有行政主体资格的，行政处罚无效。

违反法定程序构成重大且明显违法的，行政处罚无效。

（三）行政处罚程序

(1) 一般规定

第三十九条 行政处罚的实施机关、立案依据、实施程序和救济渠道等信息应当公示。

第四十二条 行政处罚应当由具有行政执法资格的执法人员实施。执法人员不得少于两人，法律另有规定的除外。

执法人员应当文明执法，尊重和保护当事人合法权益。

第四十四条 行政机关在作出行政处罚决定之前，应当告知当事人拟作出的行政处罚内容及事实、理由、依据，并告知当事人依法享有的陈述、申辩、要求听证等权利。

第四十五条 当事人有权进行陈述和申辩。行政机关必须充分听取当事人的意见，对当事人提出的事实、理由和证据，应当进行复核；当事人提出的事实、理由或者证据成立的，行政机关应当采纳。

行政机关不得因当事人陈述、申辩而给予更重的处罚。

第四十七条 行政机关应当依法以文字、音像等形式，对行政处罚的启动、调查取证、审核、决定、送达、执行等进行全过程记录，归档保存。

第四十八条 具有一定社会影响的行政处罚决定应当依法公开。

公开的行政处罚决定被依法变更、撤销、确认违法或者确认无效的，行政机关应当在三日内撤回行政处罚决定信息并公开说明理由。

第四十九条 发生重大传染病疫情等突发事件，为了控制、减轻和消除突发事件引起的社会危害，行政机关对违反突发事件应对措施的行为，依法快速、从重处罚。

第五十条 行政机关及其工作人员对实施行政处罚过程中知悉的国家秘密、商业秘密或者个人隐私，应当依法予以保密。

(2) 简易程序

第五十一条 违法事实确凿并有法定依据，对公民处以二百元以下、对法人或者其他组织处以三千元以下罚款或者警告的行政处罚的，可以当场作出行政处罚决定。法律另有规定的，从其规定。

第六十八条 依照本法第五十一条的规定当场作出行政处罚决定，有下列情形之一，执法人员可以当场收缴罚款：
（一）依法给予一百元以下罚款的；
（二）不当场收缴事后难以执行的。

第六十九条 在边远、水上、交通不便地区，行政机关及其执法人员依照本法第五十一条、第五十七条的规定作出罚款决定后，当事人到指定的银行或者通过电子支付系统缴纳罚款确有困难，经当事人提出，行政机关及其执法人员可以当场收缴罚款。

《治安管理处罚法》

第一百条 违反治安管理行为事实清楚，证据确凿，处警告或者二百元以下罚款的，可以当场作出治安管理处罚决定。

(3) 普通程序

第五十五条 执法人员在调查或者进行检查时，应当主动向当事人或者有关人员出示执法证件。当事人或者有关人员有权要求执法人员出示执法证件。执法人员不出示执法证件的，当事人或者有关人员有权拒绝接受调查或者检查。

当事人或者有关人员应当如实回答询问，并协助调查或者检查，不得拒绝或者阻挠。询问或者检查应当制作笔录。〔2017年真题~行政处罚法的登记和保存制度〕

第五十六条 行政机关在收集证据时，可以采取抽样取证的方法；在证据可能灭失或者以后难以取得的情况下，经行政机关负责人批准，可以先行登记保存，并应当在七日内及时作出处理决定，在此期间，当事人或者有关人员不得销毁或者转移证据。〔2017年真题~行政处罚法的登记和保存制度〕

第五十七条第二款 对情节复杂或者重大违法行为给予行政处罚，行政机关负责人应当集体讨论决定。

第五十八条 有下列情形之一，在行政机关负责人作出行政处罚的决定之前，应当由从事行政处罚决定法制审核的人员进行法制审核；未经法制审核或者审核未通过的，不得作出决定：
（一）涉及重大公共利益的；
（二）直接关系当事人或者第三人重大权益，经过听证程序的；
（三）案件情况疑难复杂、涉及多个法律关系的；
（四）法律、法规规定应当进行法制审核的其他情形。

行政机关中初次从事行政处罚决定法制审核的人员，应当通过国家统一法律职业资格考试取得法律职业资格。

第五十九条第二款　行政处罚决定书必须盖有作出行政处罚决定的行政机关的印章。

第六十条　行政机关应当自行政处罚案件立案之日起九十日内作出行政处罚决定。法律、法规、规章另有规定的，从其规定。

第六十一条　行政处罚决定书应当在宣告后当场交付当事人；当事人不在场的，行政机关应当在七日内依照《中华人民共和国民事诉讼法》的有关规定，将行政处罚决定书送达当事人。

当事人同意并签订确认书的，行政机关可以采用传真、电子邮件等方式，将行政处罚决定书等送达当事人。

(4) 听证程序

第六十三条　行政机关拟作出下列行政处罚决定，应当告知当事人有要求听证的权利，当事人要求听证的，行政机关应当组织听证：

（一）较大数额罚款；

（二）没收较大数额违法所得、没收较大价值非法财物；

（三）降低资质等级、吊销许可证件；

（四）责令停产停业、责令关闭、限制从业；

（五）其他较重的行政处罚；

（六）法律、法规、规章规定的其他情形。

当事人不承担行政机关组织听证的费用。〔2014年真题~行政处罚的听证程序〕

第六十四条　听证应当依照以下程序组织：

（一）当事人要求听证的，应当在行政机关告知后五日内提出；

（二）行政机关应当在举行听证的七日前，通知当事人及有关人员听证的时间、地点；

（三）除涉及国家秘密、商业秘密或者个人隐私依法予以保密外，听证公开举行；

（四）听证由行政机关指定的非本案调查人员主持；当事人认为主持人与本案有直接利害关系的，有权申请回避；

（五）当事人可以亲自参加听证，也可以委托一至二人代理；

（六）当事人及其代理人无正当理由拒不出席听证或者未经许可中途退出听证的，视为放弃听证权利，行政机关终止听证；

（七）举行听证时，调查人员提出当事人违法的事实、证据和行政处罚建议，当事人进行申辩和质证；

（八）听证应当制作笔录。笔录应当交当事人或者其代理人核对无误后签字或者盖章。当事人或者其代理人拒绝签字或者盖章的，由听证主持人在笔录中注明。

〔2017年真题~行政处罚的听证程序〕

《治安管理处罚法》

第九十八条　〔听证程序〕公安机关作出吊销许可证以及处二千元以上罚款的治安管理处罚决定前，应当告知违反治安管理行为人有权要求举行听证；违反治安管理行为人要求听证的，公安机关应当及时依法举行听证。

《行政许可法》

第四十六条　〔听证的前提条件〕法律、法规、规章规定实施行政许可应当听证的事项，或者行政机关认为需要听证的其他涉及公共利益的重大行政许可事项，行政机关应当向社会公告，并举行听证。

第四十七条　〔告知听证权制度〕行政许可直接涉及申请人与他人之间重大利益关系的，行政机关在作出行政许可决定前，应当告知申请人、利害关系人享有要求听证的权利；申请人、利害关系人在被告知听证权利之日起五日内提出听证申请的，行政机关应当在二十日内组织听证。

申请人、利害关系人不承担行政机关组织听证的费用。

第四十八条　〔听证程序及听证笔录〕听证按照下列程序进行：

（一）行政机关应当于举行听证的七日前将举行听证的时间、地点通知申请人、利害关系人，必要时予以公告；

（二）听证应当公开举行；

（三）行政机关应当指定审查该行政许可申请的工作人员以外的人员为听证主持人，申请人、利害关系人认为主持人与该行政许可事项有直接利害关系的，有权申请回避；

（四）举行听证时，审查该行政许可申请的工作人员应当提供审查意见的证据、理由，申请人、利害关系人可以提出证据，并进行申辩和质证；

（五）听证应当制作笔录，听证笔录应当交听证参加人确认无误后签字或者盖章。

行政机关应当根据听证笔录，作出行政许可决定。

(四) 行政处罚的执行措施

第七十二条　当事人逾期不履行行政处罚决定的，作出行政处罚决定的行政机关可以采取下列措施：

（一）到期不缴纳罚款的，每日按罚款数额的百分之三加处罚款，加处罚款的数额不得超出罚款的数额；

（二）根据法律规定，将查封、扣押的财物拍卖、依法处理或者将冻结的存款、汇款划拨抵缴罚款；

（三）根据法律规定，采取其他行政强制执行方式；

（四）依照《中华人民共和国行政强制法》的规定申请人民法院强制执行。

行政机关批准延期、分期缴纳罚款的，申请人民法院强制执行的期限，自暂缓或者分期缴纳罚款期限结束之日起计算。

第七十三条　当事人对行政处罚决定不服，申请行政复议或者提起行政诉讼的，行政处罚不停止执行，法律另有规定的除外。

当事人对限制人身自由的行政处罚决定不服，申请行政复议或者提起行政诉讼的，可以向作出决定的机关提出暂缓执行申请。符合法律规定情形的，应当暂缓执行。

当事人申请行政复议或者提起行政诉讼的，加处罚款的数额在行政复议或者行政诉讼期间不予计算。

考点 17 治安管理处罚
(一)治安管理处罚程序

第八十二条 [传唤]需要传唤违反治安管理行为人接受调查的,经公安机关办案部门负责人批准,使用传唤证传唤。对现场发现的违反治安管理行为人,人民警察经出示工作证件,可以口头传唤,但应当在询问笔录中注明。

公安机关应当将传唤的原因和依据告知被传唤人。对无正当理由不接受传唤或者逃避传唤的人,可以强制传唤。〔2011年真题~传唤制度〕

第八十三条 [及时询问查证]对违反治安管理行为人,公安机关传唤后应当及时询问查证,询问查证的时间不得超过八小时;情况复杂,依照本法规定可能适用行政拘留处罚的,询问查证的时间不得超过二十四小时。

公安机关应当及时将传唤的原因和处所通知被传唤人家属。

第八十四条 [询问笔录]询问笔录应当交被询问人核对;对没有阅读能力的,应当向其宣读。记载有遗漏或者差错的,被询问人可以提出补充或者更正。被询问人确认笔录无误后,应当签名或者盖章,询问的人民警察也应当在笔录上签名。

被询问人要求就被询问事项自行提供书面材料的,应当准许;必要时,人民警察也可以要求被询问人自行书写。

询问不满十六周岁的违反治安管理行为人,应当通知其父母或者其他监护人到场。

第八十五条 [询问被害人和证人]人民警察询问被侵害人或者其他证人,可以到其所在单位或者住处进行;必要时,也可以通知其到公安机关提供证言。

人民警察在公安机关以外询问被侵害人或者其他证人,应当出示工作证件。

询问被侵害人或者其他证人,同时适用本法第八十四条的规定。

第八十七条 [检查]公安机关对与违反治安管理行为有关的场所、物品、人身可以进行检查。检查时,人民警察不得少于二人,并应当出示工作证件和县级以上人民政府公安机关开具的检查证明文件。对确有必要立即进行检查的,人民警察经出示工作证件,可以当场检查,但检查公民住所应当出示县级以上人民政府公安机关开具的检查证明文件。

检查妇女的身体,应当由女性工作人员进行。

第八十八条 [检查笔录]检查的情况应当制作检查笔录,由检查人、被检查人和见证人签名或者盖章;被检查人拒绝签名的,人民警察应当在笔录上注明。

第八十九条 [扣押和登记]公安机关办理治安案件,对与案件有关的需要作为证据的物品,可以扣押;对被侵害人或者善意第三人合法占有的财产,不得扣押,应当予以登记。对与案件无关的物品,不得扣押。

对扣押的物品,应当会同在场见证人和被扣押物品持有人查点清楚,当场开列清单一式二份,由调查人员、见证人和持有人签名或者盖章,一份交给持有人,另一份附卷备查。

对扣押的物品,应当妥善保管,不得挪作他用;对不宜长期保存的物品,按照有关规定处理。经查明与案件无关的,应当及时退还;经核实属于他人合法财产的,应当登记后立即退还;满六个月无人对该财产主张权利或者无法查清权利人的,应当公开拍卖或者按照国家有关规定处理,所得款项上缴国库。

第九十一条 [处罚决定机关]治安管理处罚由县级以上人民政府公安机关决定;其中警告、五百元以下的罚款可以由公安派出所决定。

(二)行政拘留的暂缓执行

第一百零七条 [行政拘留的暂缓招待]被处罚人不服行政拘留处罚决定,申请行政复议、提起行政诉讼的,可以向公安机关提出暂缓执行行政拘留的申请。公安机关认为暂缓执行行政拘留不致发生社会危险的,由被处罚人或者其近亲属提出符合本法第一百零八条规定条件的担保人,或者按每日行政拘留二百元的标准交纳保证金,行政拘留的处罚决定暂缓执行。

第一百零八条 [担保人的条件]担保人应当符合下列条件:
(一)与本案无牵连;
(二)享有政治权利,人身自由未受到限制;
(三)在当地有常住户口和固定住所;
(四)有能力履行担保义务。

第一百零九条 [担保人的义务]担保人应当保证被担保人不逃避行政拘留处罚的执行。

担保人不履行担保义务,致使被担保人逃避行政拘留处罚的执行的,由公安机关对其处三千元以下罚款。

第一百一十条 [保证金的没收]被决定给予行政拘留处罚的人交纳保证金,暂缓行政拘留后,逃避行政拘留处罚的执行的,保证金予以没收并上缴国库,已经作出的行政拘留决定仍应执行。

第一百一十一条 [保证金的退还]行政拘留的处罚决定被撤销,或者行政拘留处罚开始执行的,公安机关收取的保证金应当及时退还交纳人。

专题八 行政强制

考点 18 行政强制行为的判定
(一)行政强制措施

第九条 [行政强制措施的种类]行政强制措施的种类:
(一)限制公民人身自由;
(二)查封场所、设施或者财物;
(三)扣押财物;
(四)冻结存款、汇款;
(五)其他行政强制措施。

第十条 [行政强制措施的设定权]行政强制措施由法律设定。

尚未制定法律,且属于国务院行政管理职权事项的,行政法规可以设定除本法第九条第一项、第四项和应当由法律规定的行政强制措施以外的其他行政强制措施。

尚未制定法律、行政法规,且属于地方性事务的,地方性法规可以设定本法第九条第二项、第三项的行政强制措施。

法律、法规以外的其他规范性文件不得设定行政强制措施。

(二)行政强制执行

第十二条 [行政强制执行的方式]行政强制执行的方式:

(一)加处罚款或者滞纳金;

(二)划拨存款、汇款;

(三)拍卖或者依法处理查封、扣押的场所、设施或者财物;

(四)排除妨碍、恢复原状;

(五)代履行;

(六)其他强制执行方式。

第十三条 [行政强制执行的设定权]行政强制执行由法律设定。

法律没有规定行政机关强制执行的,作出行政决定的行政机关应当申请人民法院强制执行。[2023年回忆~行政强制执行的权限]

考点19 行政强制措施

(一)一般程序

第十七条 [实施主体]行政强制措施由法律、法规规定的行政机关在法定职权范围内实施。行政强制措施权不得委托。

依据《中华人民共和国行政处罚法》的规定行使相对集中行政处罚权的行政机关,可以实施法律、法规规定的与行政处罚权有关的行政强制措施。

行政强制措施应当由行政机关具备资格的行政执法人员实施,其他人员不得实施。

第十八条 [一般程序]行政机关实施行政强制措施应当遵守下列规定:

(一)实施前须向行政机关负责人报告并经批准;

(二)由两名以上行政执法人员实施;

(三)出示执法身份证件;

(四)通知当事人到场;

(五)当场告知当事人采取行政强制措施的理由、依据以及当事人依法享有的权利、救济途径;

(六)听取当事人的陈述和申辩;

(七)制作现场笔录;

(八)现场笔录由当事人和行政执法人员签名或者盖章,当事人拒绝的,在笔录中予以注明;

(九)当事人不到场的,邀请见证人到场,由见证人和行政执法人员在现场笔录上签名或者盖章;

(十)法律、法规规定的其他程序。

第十九条 [即时强制的程序]情况紧急,需要当场实施行政强制措施的,行政执法人员应当在二十四小时内向行政机关负责人报告,并补办批准手续。行政机关负责人认为不应当采取行政强制措施的,应当立即解除。

第二十条 [限制人身自由的程序]依照法律规定实施限制公民人身自由的行政强制措施,除应当履行本法第十八条规定的程序外,还应当遵守下列规定:

(一)当场告知或者实施行政强制措施后立即通知当事人家属实施行政强制措施的行政机关、地点和期限;

(二)在紧急情况下当场实施行政强制措施的,在返回行政机关后,立即向行政机关负责人报告并补办批准手续;

(三)法律规定的其他程序。

实施限制人身自由的行政强制措施不得超过法定期限。实施行政强制措施的目的已经达到或者条件已经消失,应当立即解除。

(二)查封、扣押程序

第二十三条 [实施对象]查封、扣押限于涉案的场所、设施或者财物,不得查封、扣押与违法行为无关的场所、设施或者财物;不得查封、扣押公民个人及其所扶养家属的生活必需品。

当事人的场所、设施或者财物已被其他国家机关依法查封的,不得重复查封。

第二十四条 [实施程序]行政机关决定实施查封、扣押的,应当履行本法第十八条规定的程序,制作并当场交付查封、扣押决定书和清单。

查封、扣押决定书应当载明下列事项:

(一)当事人的姓名或者名称、地址;

(二)查封、扣押的理由、依据和期限;

(三)查封、扣押场所、设施或者财物的名称、数量等;

(四)申请行政复议或者提起行政诉讼的途径和期限;

(五)行政机关的名称、印章和日期。

查封、扣押清单一式二份,由当事人和行政机关分别保存。

第二十五条 [期限]查封、扣押的期限不得超过三十日;情况复杂的,经行政机关负责人批准,可以延长,但是延长期限不得超过三十日。法律、行政法规另有规定的除外。

延长查封、扣押的决定应当及时书面告知当事人,并说明理由。

对物品需要进行检测、检验、检疫或者技术鉴定的,查封、扣押的期间不包括检测、检验、检疫或者技术鉴定的期间。检测、检验、检疫或者技术鉴定的期间应当明确,并书面告知当事人。检测、检验、检疫或者技术鉴定的费用由行政机关承担。

第二十六条 [对财产的保管]对查封、扣押的场所、设施或者财物,行政机关应当妥善保管,不得使用或者损毁;造成损失的,应当承担赔偿责任。

对查封的场所、设施或者财物,行政机关可以委托第三人保管,第三人不得损毁或者擅自转移、处置。因第三人的原因造成的损失,行政机关先行赔付后,有权向第三人追偿。

因查封、扣押发生的保管费用由行政机关承担。

考点20 行政强制执行

(一)行政机关强制执行程序

(1)一般规定

第三十五条 [催告程序]行政机关作出强制执行决定前,应当事先催告当事人履行义务。催告应当以书面形式作出,并载明下列事项:
(一)履行义务的期限;
(二)履行义务的方式;
(三)涉及金钱给付的,应当有明确的金额和给付方式;
(四)当事人依法享有的陈述权和申辩权。[2012年真题~行政机关强制执行程序]

第三十六条 [陈述、申辩权利]当事人收到催告书后有权进行陈述和申辩。行政机关应当充分听取当事人的意见,对当事人提出的事实、理由和证据,应当进行记录、复核。当事人提出的事实、理由或者证据成立的,行政机关应当采纳。[2012年真题~行政机关强制执行程序]

第三十七条 [强制执行决定]经催告,当事人逾期仍不履行行政决定,且无正当理由的,行政机关可以作出强制执行决定。

强制执行决定应当以书面形式作出,并载明下列事项:
(一)当事人的姓名或者名称、地址;
(二)强制执行的理由和依据;
(三)强制执行的方式和时间;
(四)申请行政复议或者提起行政诉讼的途径和期限;
(五)行政机关的名称、印章和日期。

在催告期间,对有证据证明有转移或者隐匿财物迹象,行政机关可以作出立即强制执行决定。

第三十八条 [催告书、行政强制决定书的送达]催告书、行政强制执行决定书应当直接送达当事人。当事人拒绝接收或者无法直接送达当事人的,应当依照《中华人民共和国民事诉讼法》的有关规定送达。

第三十九条 [中止执行]有下列情形之一的,中止执行:
(一)当事人履行行政决定确有困难或者暂无履行能力的;
(二)第三人对执行标的主张权利,确有理由的;
(三)执行可能造成难以弥补的损失,且中止执行不损害公共利益的;
(四)行政机关认为需要中止执行的其他情形。

中止执行的情形消失后,行政机关应当恢复执行。对没有明显社会危害,当事人确无能力履行,中止执行满三年未恢复执行的,行政机关不再执行。

第四十条 [终结执行]有下列情形之一的,终结执行:
(一)公民死亡,无遗产可供执行,又无义务承受人的;
(二)法人或其他组织终止,无财产可供执行,又无义务承受人的;

(三)执行标的灭失的;
(四)据以执行的行政决定被撤销的;
(五)行政机关认为需要终结执行的其他情形。

第四十一条 [执行回转]在执行中或者执行完毕后,据以执行的行政决定被撤销、变更,或者执行错误的,应当恢复原状或者退还财物;不能恢复原状或者退还财物的,依法给予赔偿。

第四十二条 [执行和解]实施行政强制执行,行政机关可以在不损害公共利益和他人合法权益的情况下,与当事人达成执行协议。执行协议可以约定分阶段履行;当事人采取补救措施的,可以减免加处的罚款或者滞纳金。

执行协议应当履行。当事人不履行执行协议的,行政机关应当恢复强制执行。

第四十三条 [文明执法]行政机关不得在夜间或者法定节假日实施行政强制执行。但是,情况紧急的除外。

行政机关不得对居民生活采取停止供水、供电、供热、供燃气等方式迫使当事人履行相关行政决定。

第四十四条 [强制拆除]对违法的建筑物、构筑物、设施等需要强制拆除的,应当由行政机关予以公告,限期当事人自行拆除。当事人在法定期限内不申请行政复议或者提起行政诉讼,又不拆除的,行政机关可以依法强制拆除。[2018年回忆~行政强制拆除]

《土地管理法》

第八十三条 依照本法规定,责令限期拆除在非法占用的土地上新建的建筑物和其他设施的,建设单位或者个人必须立即停止施工,自行拆除;对继续施工的,作出处罚决定的机关有权制止。建设单位或个人对责令限期拆除的行政处罚决定不服的,可以在接到责令限期拆除决定之日起十五日内,向人民法院起诉;期满不起诉又不自行拆除的,由作出处罚决定的机关依法申请人民法院强制执行,费用由违法者承担。

《城乡规划法》

第六十五条 在乡、村庄规划区内未依法取得乡村建设规划许可证或者未按照乡村建设规划许可证的规定进行建设的,由乡、镇人民政府责令停止建设、限期改正;逾期不改正的,可以拆除。

第六十八条 城乡规划主管部门作出责令停止建设或者限期拆除的决定后,当事人不停止建设或者逾期不拆除的,建设工程所在地县级以上地方人民政府可以责成有关部门采取查封施工现场、强制拆除等措施。

(2)执行罚(金钱给付义务的履行)

第四十五条 [加处罚款或者滞纳金]行政机关依法作出金钱给付义务的行政决定,当事人逾期不履行的,行政机关可以依法加处罚款或者滞纳金。加处罚款或者滞纳金的标准应当告知当事人。

加处罚款或者滞纳金的数额不得超出金钱给付义务的数额。

第四十六条 [强制执行]行政机关依照本法第四十五条规定实施加处罚款或者滞纳金超过三十日,经催告当事人仍不履行的,具有行政强制执行权的行政机关可以强制执行。

行政机关实施强制执行前,需要采取查封、扣押、冻结措施的,依照本法第三章规定办理。

没有行政强制执行权的行政机关应当申请人民法院强制执行。但是,当事人在法定期限内不申请行政复议或者提起行政诉讼,经催告仍不履行的,在实施行政管理过程中已经采取查封、扣押措施的行政机关,可以将查封、扣押的财物依法拍卖抵缴罚款。

《行政处罚法》

第七十二条 当事人逾期不履行行政处罚决定的,作出行政处罚决定的行政机关可以采取下列措施:

(一)到期不缴纳罚款的,每日按罚款数额的百分之三加处罚款,加处罚款的数额不得超出罚款的数额;

(二)根据法律规定,将查封、扣押的财物拍卖、依法处理或者将冻结的存款、汇款划拨抵缴罚款;

……

《税收征收管理法》

第三十二条 纳税人未按照规定期限缴纳税款的,扣缴义务人未按照规定期限解缴税款的,税务机关除责令限期缴纳外,从滞纳税款之日起,按日加收滞纳税款万分之五的滞纳金。

《社会保险法》

第八十六条 用人单位未按时足额缴纳社会保险费的,由社会保险费征收机构责令限期缴纳或者补足,并自欠缴之日起,按日加收万分之五的滞纳金;逾期仍不缴纳的,由有关行政部门处欠缴数额一倍以上三倍以下的罚款。

(3)代履行

第五十条 [实施条件]行政机关依法作出要求当事人履行排除妨碍、恢复原状等义务的行政决定,当事人逾期不履行,经催告仍不履行,其后果已经或者将危害交通安全、造成环境污染或者破坏自然资源的,行政机关可以代履行,或者委托没有利害关系的第三人代履行。

第五十一条 [实施程序]代履行应当遵守下列规定:

(一)代履行前送达决定书,代履行决定书应当载明当事人的姓名或者名称、地址,代履行的理由和依据、方式和时间、标的、费用预算以及代履行人;

(二)代履行三日前,催告当事人履行,当事人履行的,停止代履行;

(三)代履行时,作出决定的行政机关应当派员到场监督;

(四)代履行完毕,行政机关到场监督的工作人员、代履行人和当事人或者见证人应当在执行文书上签名或者盖章。

代履行的费用按照成本合理确定,由当事人承担。但是,法律另有规定的除外。

代履行不得采用暴力、胁迫以及其他非法方式。

第五十二条 [紧急清除]需要立即清除道路、河道、航道或者公共场所的遗洒物、障碍物或者污染物,当事人不能清除的,行政机关可以决定立即实施代履行;当事人

不在场的,行政机关应当在事后立即通知当事人,并依法作出处理。

(二)法院非诉执行程序

1 第五十三条 [非诉执行的条件]当事人在法定期限内不申请行政复议或者提起行政诉讼,又不履行行政决定的,没有行政强制执行权的行政机关可以自期限届满之日起三个月内,依照本章规定申请人民法院强制执行。

《行政诉讼法解释》

第一百五十六条 没有强制执行权的行政机关申请人民法院强制执行其行政行为,应当自被执行人的法定起诉期限届满之日起三个月内提出。逾期申请的,除有正当理由外,人民法院不予受理。

第一百五十八条第一款 行政机关根据法律的授权对平等主体之间民事争议作出裁决后,当事人在法定期限内不起诉又不履行,作出裁决的行政机关在申请执行的期限内未申请人民法院强制执行的,生效行政裁决确定的权利人或者其继承人、权利承受人在六个月内可以申请人民法院强制执行。

第一百五十九条 行政机关或者行政行为确定的权利人申请人民法院强制执行前,有充分理由认为被执行人可能逃避执行的,可以申请人民法院采取财产保全措施。后者申请强制执行的,应当提供相应的财产担保。

2 第五十四条 [催告与执行管辖]行政机关申请人民法院强制执行前,应当催告当事人履行义务。催告书送达十日后当事人仍未履行义务的,行政机关可以向所在地有管辖权的人民法院申请强制执行;执行对象是不动产的,向不动产所在地有管辖权的人民法院申请强制执行。

《行政诉讼法解释》

第一百五十七条第一款 行政机关申请人民法院强制执行其行政行为的,由申请人所在地的基层人民法院受理;执行对象为不动产的,由不动产所在地的基层人民法院受理。

3 第五十六条 [对申请的受理]人民法院接到行政机关强制执行的申请,应当在五日内受理。

行政机关对人民法院不予受理的裁定有异议的,可以在十五日内向上一级人民法院申请复议,上一级人民法院应当自收到复议申请之日起十五日内作出是否受理的裁定。

4 第五十七条 [书面审查]人民法院对行政机关强制执行的申请进行书面审查,对符合本法第五十五条规定,且行政决定具备法定执行效力的,除本法第五十八条规定的情形外,人民法院应当自受理之日起七日内作出执行裁定。

第五十八条 [实质审查]人民法院发现有下列情形之一的,在作出裁定前可以听取被执行人和行政机关的意见:

(一)明显缺乏事实根据的;

(二)明显缺乏法律、法规依据的;

（三）其他明显违法并损害被执行人合法权益的。

人民法院应当自受理之日起三十日内作出是否执行的裁定。裁定不予执行的，应当说明理由，并在五日内将不予执行的裁定送达行政机关。

行政机关对人民法院不予执行的裁定有异议的，可以自收到裁定之日起十五日内向上一级人民法院申请复议，上一级人民法院应当自收到复议申请之日起三十日内作出是否执行的裁定。

《行政诉讼法解释》

第一百六十条　人民法院受理行政机关申请执行其行政行为的案件后，应当在七日内由行政审判庭对行政行为的合法性进行审查，并作出是否准予执行的裁定。

人民法院在作出裁定前发现行政行为明显违法并损害被执行人合法权益的，应当听取被执行人和行政机关的意见，并自受理之日起三十日内作出是否准予执行的裁定。

需要采取强制执行措施的，由本院负责强制执行非诉行政行为的机构执行。

第一百六十一条　被申请执行的行政行为有下列情形之一的，人民法院应当裁定不准予执行：

（一）实施主体不具有行政主体资格的；
（二）明显缺乏事实根据的；
（三）明显缺乏法律、法规依据的；
（四）其他明显违法并损害被执行人合法权益的情形。

行政机关对不准予执行的裁定有异议，在十五日内向上一级人民法院申请复议的，上一级人民法院应当在收到复议申请之日起三十日内作出裁定。

5 **第五十九条**　[申请立即执行]因情况紧急，为保障公共安全，行政机关可以申请人民法院立即执行。经人民法院院长批准，人民法院应当自作出执行裁定之日起五日内执行。

专题十　政府信息公开

考点23　政府信息公开

（一）政府信息公开的主体与范围

（1）公开主体

第十条　行政机关制作的政府信息，由制作该政府信息的行政机关负责公开。行政机关从公民、法人和其他组织获取的政府信息，由保存该政府信息的行政机关负责公开；行政机关获取的其他行政机关的政府信息，由制作或者最初获取该政府信息的行政机关负责公开。法律、法规对政府信息公开的权限另有规定的，从其规定。

行政机关设立的派出机构、内设机构依照法律、法规对外以自己名义履行行政管理职能的，可以由该派出机构、内设机构负责与所履行行政管理职能有关的政府信息公开工作。

两个以上行政机关共同制作的政府信息，由牵头制作的行政机关负责公开。

（2）公开范围

第十三条　除本条例第十四条、第十五条、第十六条规定的政府信息外，政府信息应当公开。

行政机关公开政府信息，采取主动公开和依申请公开的方式。〔2020年回忆～政府信息公开；2013年真题～政府信息公开〕

第十四条　依法确定为国家秘密的政府信息，法律、行政法规禁止公开的政府信息，以及公开后可能危及国家安全、公共安全、经济安全、社会稳定的政府信息，不予公开。

第十五条　涉及商业秘密、个人隐私等公开会对第三方合法权益造成损害的政府信息，行政机关不得公开。但是，第三方同意公开或者行政机关认为不公开会对公共利益造成重大影响的，予以公开。〔2020年回忆～政府信息公开〕

第十六条　行政机关的内部事务信息，包括人事管理、后勤管理、内部工作流程等方面的信息，可以不予公开。

行政机关在履行行政管理职能过程中形成的讨论记录、过程稿、磋商信函、请示报告等过程性信息以及行政执法案卷信息，可以不予公开。法律、法规、规章规定上述信息应当公开的，从其规定。

《政府信息公开行政案件规定》

第八条　政府信息涉及国家秘密、商业秘密、个人隐私的，人民法院应当认定属于不予公开范围。

政府信息涉及商业秘密、个人隐私，但权利人同意公开，或者不公开可能对公共利益造成重大影响的，不受前款规定的限制。

第十一条　被告公开政府信息涉及原告商业秘密、个人隐私且不存在公共利益等法定事由的，人民法院应当判决确认公开政府信息的行为违法，并可以责令被告采取相应的补救措施；造成损害的，根据原告请求依法判决被告承担赔偿责任。政府信息尚未公开的，应当判决行政机关不得公开。

诉讼期间，原告申请停止公开涉及其商业秘密、个人隐私的政府信息，人民法院经审查认为公开该政府信息会造成难以弥补的损失，并且停止公开不损害公共利益的，可以依照《中华人民共和国行政诉讼法》第四十四条（现第五十六条）的规定，裁定暂时停止公开。

（二）主动公开

第十九条　对涉及公众利益调整、需要公众广泛知晓或者需要公众参与决策的政府信息，行政机关应当主动公开。

第二十条　行政机关应当依照本条例第十九条的规定，主动公开本行政机关的下列政府信息：

（一）行政法规、规章和规范性文件；
（二）机关职能、机构设置、办公地址、办公时间、联系方式、负责人姓名；
（三）国民经济和社会发展规划、专项规划、区域规划及相关政策；
（四）国民经济和社会发展统计信息；

(五)办理行政许可和其他对外管理服务事项的依据、条件、程序以及办理结果;

(六)实施行政处罚、行政强制的依据、条件、程序以及本行政机关认为具有一定社会影响的行政处罚决定;

(七)财政预算、决算信息;

(八)行政事业性收费项目及其依据、标准;

(九)政府集中采购项目的目录、标准及实施情况;

(十)重大建设项目的批准和实施情况;

(十一)扶贫、教育、医疗、社会保障、促进就业等方面的政策、措施及其实施情况;

(十二)突发公共事件的应急预案、预警信息及应对情况;

(十三)环境保护、公共卫生、安全生产、食品药品、产品质量的监督检查情况;

(十四)公务员招考的职位、名额、报考条件等事项以及录用结果;

(十五)法律、法规、规章和国家有关规定规定应当主动公开的其他政府信息。

第二十一条 除本条例第二十条规定的政府信息外,设区的市级、县级人民政府及其部门还应当根据本地方的具体情况,主动公开涉及市政建设、公共服务、公益事业、土地征收、房屋征收、治安管理、社会救助等方面的政府信息;乡(镇)人民政府还应当根据本地方的具体情况,主动公开贯彻落实农业农村政策、农田水利工程建设运营、农村土地承包经营权流转、宅基地使用情况审核、土地征收、房屋征收、筹资筹劳、社会救助等方面的政府信息。

(三)依申请公开

(1)申请

第二十九条 公民、法人或者其他组织申请获取政府信息的,应当向行政机关的政府信息公开工作机构提出,并采用包括信件、数据电文在内的书面形式;采用书面形式确有困难的,申请人可以口头提出,由受理该申请的政府信息公开工作机构代为填写政府信息公开申请。

政府信息公开申请应当包括下列内容:

(一)申请人的姓名或者名称、身份证明、联系方式;

(二)申请公开的政府信息的名称、文号或者便于行政机关查询的其他特征性描述;

(三)申请公开的政府信息的形式要求,包括获取信息的方式、途径。

(2)处理

第三十条 政府信息公开申请内容不明确的,行政机关应当给予指导和释明,并自收到申请之日起7个工作日内一次性告知申请人作出补正,说明需要补正的事项和合理的补正期限。答复期限自行政机关收到补正的申请之日起计算。申请人无正当理由逾期不补正的,视为放弃申请,行政机关不再处理该政府信息公开申请。

第三十二条 依申请公开的政府信息公开会损害第三方合法权益的,行政机关应当书面征求第三方的意见。第三方应当自收到征求意见书之日起15个工作日内提出意见。第三方逾期未提出意见的,由行政机关依照本条例的规定决定是否公开。第三方不同意公开且有合理理由的,行政机关不予公开。行政机关认为不公开可能对公共利益造成重大影响的,可以决定予以公开,并将决定公开的政府信息内容和理由书面告知第三方。

第三十三条 行政机关收到政府信息公开申请,能够当场答复的,应当当场予以答复。

行政机关不能当场答复的,应当自收到申请之日起20个工作日内予以答复;需要延长答复期限的,应当经政府信息公开工作机构负责人同意并告知申请人,延长的期限最长不得超过20个工作日。

行政机关征求第三方和其他机关意见所需时间不计算在前款规定的期限内。

第三十五条 申请人申请公开政府信息的数量、频次明显超过合理范围,行政机关可以要求申请人说明理由。行政机关认为申请理由不合理的,告知申请人不予处理;行政机关认为申请理由合理,但是无法在本条例第三十三条规定的期限内答复申请人的,可以确定延迟答复的合理期限并告知申请人。

(3)答复

第三十七条 申请公开的信息中含有不应当公开或者不属于政府信息的内容,但是能够作区分处理的,行政机关应当向申请人提供可以公开的信息内容,并对不予公开的内容说明理由。

第三十八条 行政机关向申请人提供的信息,应当是已制作或者获取的政府信息。除依照本条例第三十七条的规定能够作区分处理的外,需要行政机关对现有政府信息进行加工、分析的,行政机关可以不予提供。

第三十九条 申请人以政府信息公开申请的形式进行信访、投诉、举报等活动,行政机关应当告知申请人不作为政府信息公开申请处理并可以告知通过相应渠道提出。

申请人提出的申请内容为要求行政机关提供政府公报、报刊、书籍等公开出版物的,行政机关可以告知获取的途径。

(4)费用

第四十二条 行政机关依申请提供政府信息,不收取费用。但是,申请人申请公开政府信息的数量、频次明显超过合理范围的,行政机关可以收取信息处理费。

行政机关收取信息处理费的具体办法由国务院价格主管部门会同国务院财政部门、全国政府信息公开工作主管部门制定。

(四)政府信息公开的救济

第四十七条 政府信息公开工作主管部门应当加强对政府信息公开工作的日常指导和监督检查,对行政机关未按照要求开展政府信息公开工作的,予以督促整改或者通报批评;需要对负有责任的领导人员和直接责任人员追究责任的,依法向有权机关提出处理建议。

公民、法人或者其他组织认为行政机关未按照要求主动公开政府信息或者对政府信息公开申请不依法答复处理的,可以向政府信息公开工作主管部门提出。政府信息公开工作主管部门查证属实的,应当予以督促整改或者通报批评。

第五十一条 公民、法人或者其他组织认为行政机关在政府信息公开工作中侵犯其合法权益的,可以向上一级行政机关或者政府信息公开工作主管部门投诉、举报,也可以范围、申请资格、救济途径依法申请行政复议或者提起行政诉讼。

《政府信息公开案件规定》

第三条 公民、法人或者其他组织认为行政机关不依法履行主动公开政府信息义务,直接向人民法院提起诉讼的,应当告知其先向行政机关申请获取相关政府信息。对行政机关的答复或者逾期不予答复不服的,可以向人民法院提起诉讼。[2013年真题~政府信息公开行政诉讼]

专题十一 行政复议

考点24 行政复议参加人与行政复议机关

(一)行政复议参加人

第十四条 [申请人]依照本法申请行政复议的公民、法人或者其他组织是申请人。

有权申请行政复议的公民死亡的,其近亲属可以申请行政复议。有权申请行政复议的法人或者其他组织终止的,其权利义务承受人可以申请行政复议。

有权申请行政复议的公民为无民事行为能力人或者限制民事行为能力人的,其法定代理人可以代为申请行政复议。

第十六条 [第三人]申请人以外的同被申请行政复议的行政行为或者行政复议案件处理结果有利害关系的公民、法人或者其他组织,可以作为第三人申请参加行政复议,或者由行政复议机构通知其作为第三人参加行政复议。

第三人不参加行政复议,不影响行政复议案件的审理。

第十七条 [委托代理人]申请人、第三人可以委托一至二名律师、基层法律服务工作者或者其他代理人代为参加行政复议。

申请人、第三人委托代理人的,应当向行政复议机构提交授权委托书、委托人及被委托人的身份证明文件。授权委托书应当载明委托事项、权限和期限。申请人、第三人变更或者解除代理人权限的,应当书面告知行政复议机构。

第十九条 [被申请人]公民、法人或者其他组织对行政行为不服申请行政复议的,作出行政行为的行政机关或者法律、法规、规章授权的组织是被申请人。

两个以上行政机关以共同的名义作出同一行政行为的,共同作出行政行为的行政机关是被申请人。

行政机关委托的组织作出行政行为的,委托的行政机关是被申请人。

作出行政行为的行政机关被撤销或者职权变更的,继续行使其职权的行政机关是被申请人。

(二)行政复议机关

第二十四条 [县级以上地方人民政府管辖]县级以上地方人民政府管辖下列行政复议案件:

(一)对本级人民政府工作部门作出的行政行为不服的;

(二)对下一级人民政府作出的行政行为不服的;

(三)对本级人民政府依法设立的派出机关作出的行政行为不服的;

(四)对本级人民政府或者其工作部门管理的法律、法规、规章授权的组织作出的行政行为不服的。

除前款规定外,省、自治区、直辖市人民政府同时管辖对本机关作出的行政行为不服的行政复议案件。

省、自治区人民政府依法设立的派出机关参照设区的市级人民政府的职责权限,管辖相关行政复议案件。

对县级以上地方各级人民政府工作部门依法设立的派出机构依照法律、法规、规章规定,以派出机构的名义作出的行政行为不服的行政复议案件,由本级人民政府管辖;其中,对直辖市、设区的市人民政府工作部门按照行政区划设立的派出机构作出的行政行为不服的,也可以由其所在地的人民政府管辖。

第二十五条 [国务院部门管辖]国务院部门管辖下列行政复议案件:

(一)对本部门作出的行政行为不服的;

(二)对本部门依法设立的派出机构依照法律、行政法规、部门规章规定,以派出机构的名义作出的行政行为不服的;

(三)对本部门管理的法律、行政法规、部门规章授权的组织作出的行政行为不服的。

第二十六条 [原级行政复议决定的救济途径]对省、自治区、直辖市人民政府依照本法第二十四条第二款的规定、国务院部门依照本法第二十五条第一项的规定作出的行政复议决定不服的,可以向人民法院提起行政诉讼;也可以向国务院申请裁决,国务院依照本法的规定作出最终裁决。

第二十七条 [垂直领导行政机关等管辖]对海关、金融、外汇管理等实行垂直领导的行政机关、税务和国家安全机关的行政行为不服的,向上一级主管部门申请行政复议。

第二十八条 [司法行政部门的管辖]对履行行政复议机构职责的地方人民政府司法行政部门的行政行为不服的,可以向本级人民政府申请行政复议,也可以向上一级司法行政部门申请行政复议。

考点25 行政复议的申请与受理

(一)行政复议的申请

(1)申请期限

第二十条 [申请期限]公民、法人或者其他组织认为行政行为侵犯其合法权益的,可以自知道或者应当知道该行政行为之日起六十日内提出行政复议申请;但是法律规定的申请期限超过六十日的除外。

因不可抗力或者其他正当理由耽误法定申请期限的,申请期限自障碍消除之日起继续计算。

行政机关作出行政行为时,未告知公民、法人或者其他组织申请行政复议的权利、行政复议机关和申请期限的,申请期限自公民、法人或者其他组织知道或者应当知道申请行政复议的权利、行政复议机关和申请期限之日起计算,但是自知道或者应当知道行政行为内容之日起最长不得超过一年。

第二十一条 [**不动产行政复议申请期限**]因不动产提出的行政复议申请自行政行为作出之日起超过二十年,其他行政复议申请自行政行为作出之日起超过五年的,行政复议机关不予受理。

(2)申请方式

第二十二条 [**申请形式**]申请人申请行政复议,可以书面申请;书面申请有困难的,也可以口头申请。

书面申请的,可以通过邮寄或者行政复议机关指定的互联网渠道等方式提交行政复议申请书,也可以当面提交行政复议申请书。行政机关通过互联网渠道送达行政行为决定书的,应当同时提供提交行政复议申请书的互联网渠道。

口头申请的,行政复议机关应当当场记录申请人的基本情况、行政复议请求、申请行政复议的主要事实、理由和时间。

申请人对两个以上行政行为不服的,应当分别申请行政复议。

(二)行政复议的受理

(1)受理的审查

第三十条 [**受理条件**]行政复议机关收到行政复议申请后,应当在五日内进行审查。对符合下列规定的,行政复议机关应当予以受理:

(一)有明确的申请人和符合本法规定的被申请人;

(二)申请人与被申请行政复议的行政行为有利害关系;

(三)有具体的行政复议请求和理由;

(四)在法定申请期限内提出;

(五)属于本法规定的行政复议范围;

(六)属于本机关的管辖范围;

(七)行政复议机关未受理过该申请人就同一行政行为提出的行政复议申请,并且人民法院未受理过该申请人就同一行政行为提起的行政诉讼。

对不符合前款规定的行政复议申请,行政复议机关应当在审查期限内决定不予受理并说明理由;不属于本机关管辖的,还应当在不予受理决定中告知申请人有管辖权的行政复议机关。

行政复议申请的审查期限届满,行政复议机关未作出不予受理决定的,审查期限届满之日起视为受理。

第三十一条 [**申请材料补正**]行政复议申请材料不齐全或者表述不清楚,无法判断行政复议申请是否符合本法第三十条第一款规定的,行政复议机关应当自收到申请之日起五日内书面通知申请人补正。补正通知应当一次性载明需要补正的事项。

申请人应当自收到补正通知之日起十日内提交补正材料。有正当理由不能按期补正的,行政复议机关可以延长合理的补正期限。无正当理由逾期不补正的,视为申请人放弃行政复议申请,并记录在案。

行政复议机关收到补正材料后,依照本法第三十条的规定处理。

(2)对不作为的救济

第三十四条 [**复议前置等情形的诉讼衔接**]法律、行政法规规定应当先向行政复议机关申请行政复议、对行政复议决定不服再向人民法院提起行政诉讼的,行政复议机关决定不予受理、驳回申请或者受理后超过行政复议期限不作答复的,公民、法人或者其他组织可以自收到决定书之日起或者行政复议期限届满之日起十五日内,依法向人民法院提起行政诉讼。

第三十五条 [**对行政复议受理的监督**]公民、法人或者其他组织依法提出行政复议申请,行政复议机关无正当理由不予受理、驳回申请或者受理后超过行政复议期限不作答复的,申请人有权向上级行政机关反映,上级行政机关应当责令其纠正;必要时,上级行政复议机关可以直接受理。

考点26 行政复议与行政诉讼的关系

第四十四条 [**复议与诉讼的关系**]对属于人民法院受案范围的行政案件,公民、法人或者其他组织可以先向行政机关申请复议,对复议决定不服的,再向人民法院提起诉讼;也可以直接向人民法院提起诉讼。

法律、法规规定应当先向行政机关申请复议,对复议决定不服再向人民法院提起诉讼的,依照法律、法规的规定。

第四十五条 [**复议后的起诉期限**]公民、法人或者其他组织不服复议决定的,可以在收到复议决定书之日起十五日内向人民法院提起诉讼。复议机关逾期不作决定的,申请人可以在复议期满之日起十五日内向人民法院提起诉讼。法律另有规定的除外。[2022年回忆~复议案件起诉期限;2013年真题~起诉与受理;2012年真题~起诉期限的确定]

《行政诉讼法解释》

第五十六条 法律、法规规定应当先申请复议,公民、法人或者其他组织未申请复议直接提起诉讼的,人民法院裁定不予立案。

依照行政诉讼法第四十五条的规定,复议机关不受理复议申请或者在法定期限内不作出复议决定,公民、法人或者其他组织不服,依法向人民法院提起诉讼的,人民法院应当依法立案。

第五十七条 法律、法规未规定行政复议为提起行政诉讼必经程序,公民、法人或者其他组织既提起诉讼又申请行政复议的,由先立案的机关管辖;同时立案的,由公民、法人或者其他组织选择。公民、法人或者其他组织已经申请行政复议,在法定复议期间内又向人民法院提起诉讼的,人民法院裁定不予立案。

第五十八条 法律、法规未规定行政复议为提起行政诉讼必经程序,公民、法人或者其他组织向复议机关申请行政复议后,又经复议机关同意撤回复议申请,在法定起诉期限内对原行政行为提起诉讼的,人民法院应当依法立案。

《行政复议法》

第二十三条 [行政复议前置]有下列情形之一的,申请人应当先向行政复议机关申请行政复议,对行政复议决定不服的,可以再依法向人民法院提起行政诉讼:

(一)对当场作出的行政处罚决定不服;

(二)对行政机关作出的侵犯其已经依法取得的自然资源的所有权或者使用权的决定不服;

(三)认为行政机关存在本法第十一条规定的未履行法定职责情形;

(四)申请政府信息公开,行政机关不予公开;

(五)法律、行政法规规定应当先向行政复议机关申请行政复议的其他情形。

对前款规定的情形,行政机关在作出行政行为时应当告知公民、法人或者其他组织先向行政复议机关申请行政复议。

第二十九条第二款 [行政复议和行政诉讼的选择]公民、法人或者其他组织向人民法院提起行政诉讼,人民法院已经依法受理的,不得申请行政复议。

第三十四条 [复议前置等情形的诉讼衔接]法律、行政法规规定应当先向行政复议机关申请行政复议、对行政复议决定不服再向人民法院提起行政诉讼的,行政复议机关决定不予受理、驳回申请或者受理后超过行政复议期限不作答复的,公民、法人或者其他组织可以自收到决定书之日起或者行政复议期限届满之日起十五日内,依法向人民法院提起行政诉讼。

《税收征收管理法》

第八十八条 纳税人、扣缴义务人、纳税担保人同税务机关在纳税上发生争议时,必须先依照税务机关的纳税决定缴纳或者解缴税款及滞纳金或者提供相应的担保,然后可以依法申请行政复议;对行政复议决定不服的,可以依法向人民法院起诉。

当事人对税务机关的处罚决定、强制执行措施或者税收保全措施不服的,可以依法申请行政复议,也可以依法向人民法院起诉。

当事人对税务机关的处罚决定逾期不申请行政复议也不向人民法院起诉、又不履行的,作出处罚决定的税务机关可以采取本法第四十条规定的强制执行措施,或者申请人民法院强制执行。

《反垄断法》

第六十五条 [对行政处罚决定不服的救济途径]对反垄断执法机构依据本法第三十四条、第三十五条作出的决定不服的,可以先依法申请行政复议;对行政复议决定不服的,可以依法提起行政诉讼。

对反垄断执法机构作出的前款规定以外的决定不服的,可以依法申请行政复议或者提起行政诉讼。

考点27 行政复议的审理

(一)普通程序

第四十九条 [听取意见程序]适用普通程序审理的行政复议案件,行政复议机构应当当面或者通过互联网、电话等方式听取当事人的意见,并将听取的意见记录在案。因当事人原因不能听取意见的,可以书面审理。

第五十条 [听证情形和人员组成]审理重大、疑难、复杂的行政复议案件,行政复议机构应当组织听证。

行政复议机构认为有必要听证,或者申请人请求听证的,行政复议机构可以组织听证。

听证由一名行政复议人员任主持人,两名以上行政复议人员任听证员,一名记录员制作听证笔录。

第五十一条 [听证程序和要求]行政复议机构组织听证的,应当于举行听证的五日前将听证的时间、地点和拟听证事项书面通知当事人。

申请人无正当理由拒不参加听证的,视为放弃听证权利。

被申请人的负责人应当参加听证。不能参加的,应当说明理由并委托相应的工作人员参加听证。

第五十二条 [行政复议委员会组成和职责]县级以上各级人民政府应当建立相关政府部门、专家、学者等参与的行政复议委员会,为办理行政复议案件提供咨询意见,并就行政复议工作中的重大事项和共性问题研究提出意见。行政复议委员会的组成和开展工作的具体办法,由国务院行政复议机构制定。

审理行政复议案件涉及下列情形之一的,行政复议机构应当提请行政复议委员会提出咨询意见:

(一)案情重大、疑难、复杂;

(二)专业性、技术性较强;

(三)本法第二十四条第二款规定的行政复议案件;

(四)行政复议机构认为有必要。

行政复议机构应当记录行政复议委员会的咨询意见。

(二)简易程序

第五十三条 [简易程序适用情形]行政复议机关审理下列行政复议案件,认为事实清楚、权利义务关系明确、争议不大的,可以适用简易程序:

(一)被申请行政复议的行政行为是当场作出;

(二)被申请行政复议的行政行为是警告或者通报批评;

(三)案件涉及款额三千元以下;

(四)属于政府信息公开案件。

除前款规定以外的行政复议案件,当事人各方同意适用简易程序的,可以适用简易程序。

第五十四条第二款 [简易程序书面答复]适用简易程序审理的行政复议案件,可以书面审理。

第五十五条 [简易程序向普通程序转换]适用简易程序审理的行政复议案件,行政复议机构认为不宜适用简易程序的,经行政复议机构的负责人批准,可以转为普通程序审理。

(三)附带审查程序

第十三条 [行政复议附带审查申请范围]公民、法人或者其他组织认为行政机关的行政行为所依据的下列规范性文件不合法,在对行政行为申请行政复议时,可以一并向行政复议机关提出对该规范性文件的附带审查申请:

(一)国务院部门的规范性文件;
(二)县级以上地方各级人民政府及其工作部门的规范性文件;
(三)乡、镇人民政府的规范性文件;
(四)法律、法规、规章授权的组织的规范性文件。
前款所列规范性文件<u>不含规章</u>。规章的审查依照法律、行政法规办理。

第五十六条　[规范性文件审查处理] 申请人依照本法第十三条的规定提出对有关规范性文件的附带审查申请,行政复议机关有权处理的,应当在<u>三十日内依法处理</u>;无权处理的,应当在<u>七日内</u>转送有权处理的行政机关依法处理。

第五十七条　[行政行为依据审查处理] 行政复议机关在对被申请人作出的行政行为进行审查时,认为其依据不合法,本机关有权处理的,应当在<u>三十日内依法处理</u>;无权处理的,应当在<u>七日内</u>转送有权处理的国家机关依法处理。

第五十八条　[附带审查处理程序] 行政复议机关依照本法第五十六条、第五十七条的规定有权处理有关规范性文件或者依据的,行政复议机构应当自<u>行政复议中止</u>之日起三日内,书面通知规范性文件或者依据的制定机关就相关条款的合法性提出书面答复。制定机关应当自收到书面通知之日起十日内提交书面答复及相关材料。
行政复议机构认为必要时,可以要求规范性文件或者依据的制定机关当面说明理由,制定机关应当配合。

第五十九条　[附带审查处理结果] 行政复议机关依照本法第五十六条、第五十七条的规定有权处理有关规范性文件或者依据,认为相关条款<u>合法</u>的,在行政复议决定书中<u>一并告知</u>;认为相关条款<u>超越权限或者违反上位法</u>的,决定<u>停止</u>该条款的执行,并责令制定机关予以纠正。

第六十条　[接受转送机关的职责] 依照本法第五十六条、第五十七条的规定接受转送的行政机关、国家机关应当自收到转送之日起<u>六十日内</u>,将处理意见回复转送的行政复议机关。

考点28　行政复议决定与执行

(一)决定期限
第六十二条　[行政复议审理期限] 适用普通程序审理的行政复议案件,行政复议机关应当自受理申请之日起<u>六十日内</u>作出行政复议决定;但是<u>法律规定的行政复议期限少于六十日的除外</u>。情况复杂,不能在规定期限内作出行政复议决定的,经行政复议机构的负责人批准,可以适当延长,并书面告知当事人;但是延长期限最多不得超过三十日。
适用简易程序审理的行政复议案件,行政复议机关应当自受理申请之日起三十日内作出行政复议决定。

(二)决定类型
第六十三条　[变更决定] 行政行为有下列情形之一的,行政复议机关决定变更该行政行为:
(一)事实清楚,证据确凿,适用依据正确,程序合法,但是内容不适当;
(二)事实清楚,证据确凿,程序合法,但是未正确适用依据;
(三)事实不清、证据不足,经行政复议机关查清事实和证据。
行政复议机关<u>不得</u>作出对申请人更为不利的变更决定,但是第三人提出相应请求的除外。

第六十四条　[撤销或者部分撤销、责令重作] 行政行为有下列情形之一的,行政复议机关决定撤销或者部分撤销该行政行为,并可以责令被申请人在一定期限内重新作出行政行为:
(一)主要事实不清、证据不足;
(二)违反法定程序;
(三)适用的依据不合法;
(四)超越职权或者滥用职权。
行政复议机关责令被申请人重新作出行政行为的,被申请人<u>不得</u>以同一事实和理由作出与被申请行政复议的行政行为相同或者基本相同的行政行为,但是行政复议机关<u>以违反法定程序为由</u>决定撤销或者部分撤销的除外。

第六十五条　[确认违法] 行政行为有下列情形之一的,行政复议机关不撤销该行政行为,但是确认该行政行为违法:
(一)依法应予撤销,但是撤销会给国家利益、社会公共利益造成重大损害;
(二)程序轻微违法,但是对申请人权利不产生实际影响。
行政行为有下列情形之一,不需要撤销或者责令履行的,行政复议机关确认该行政行为违法:
(一)行政行为违法,但是不具有可撤销内容;
(二)被申请人改变原违法行政行为,申请人仍要求撤销或者确认该行政行为违法;
(三)被申请人不履行或者拖延履行法定职责,责令履行没有意义。

第六十六条　[责令履行] 被申请人不履行法定职责的,行政复议机关决定被申请人在一定期限内履行。

第六十七条　[确认无效] 行政行为有实施主体<u>不具有行政主体资格或者没有依据</u>等重大且明显违法情形,申请人申请确认行政行为无效的,行政复议机关确认该行政行为<u>无效</u>。

第六十八条　[维持决定] 行政行为认定事实清楚,证据确凿,适用依据正确,程序合法,内容适当的,行政复议机关决定维持该行政行为。

第六十九条　[驳回行政复议请求] 行政复议机关受理申请人认为被申请人<u>不履行法定职责</u>的行政复议申请后,发现被申请人没有相应法定职责或者在受理前已经履行法定职责的,决定驳回申请人的行政复议请求。

第七十条　[被申请人不提交书面答复等情形的处理] 被申请人不按照本法第四十八条、第五十四条的规定提出书面答复、提交作出行政行为的证据、依据和其他有关材料的,视为该行政行为没有证据、依据,行政复议机关决定撤销、部分撤销该行政行为,确认该行政行为违法、无效或者决定被申请人在一定期限内履行,但是行政行为涉及第三人合法权益,第三人提供证据的除外。

第七十一条　[行政协议案件处理]被申请人不依法订立、不依法履行、未按照约定履行或者违法变更、解除行政协议的,行政复议机关决定被申请人承担依法订立、继续履行、采取补救措施或者赔偿损失等责任。

被申请人变更、解除行政协议合法,但是未依法给予补偿或者补偿不合理的,行政复议机关决定被申请人依法给予合理补偿。

第七十二条　[行政复议期间赔偿请求的处理]申请人在申请行政复议时一并提出行政赔偿请求的,行政复议机关对依照《中华人民共和国国家赔偿法》的有关规定应当不予赔偿的,在作出行政复议决定时,应当同时决定驳回行政赔偿请求;对符合《中华人民共和国国家赔偿法》的有关规定应当给予赔偿的,在决定撤销或者部分撤销、变更行政行为或者确认行政行为违法、无效时,应当同时决定被申请人依法给予赔偿;确认行政行为违法的,还可以同时责令被申请人采取补救措施。

申请人在申请行政复议时没有提出行政赔偿请求的,行政复议机关在依法决定撤销或者部分撤销、变更罚款,撤销或者部分撤销违法集资、没收财物、征收征用、摊派费用以及对财产的查封、扣押、冻结等行政行为时,应当同时责令被申请人返还财产,解除对财产的查封、扣押、冻结措施,或者赔偿相应的价款。

(三)复议调解与和解

第七十三条　[行政复议调解处理]当事人经调解达成协议的,行政复议机关应当制作行政复议调解书,经各方当事人签字或者签章,并加盖行政复议机关印章,即具有法律效力。

调解未达成协议或者调解书生效前一方反悔的,行政复议机关应当依法审查或者及时作出行政复议决定。

第七十四条　[行政复议和解处理]当事人在行政复议决定作出前可以自愿达成和解,和解内容不得损害国家利益、社会公共利益和他人合法权益,不得违反法律、法规的强制性规定。

当事人达成和解后,由申请人向行政复议机构撤回行政复议申请。行政复议机构准予撤回行政复议申请、行政复议机关决定终止行政复议的,申请人不得再以同一事实和理由提出行政复议申请。但是,申请人能够证明撤回行政复议申请违背其真实意愿的除外。

(四)复议意见书

第七十六条　[行政复议意见书]行政复议机关在办理行政复议案件过程中,发现被申请人或者其他下级行政机关的有关行政行为违法或者不当的,可以向其制发行政复议意见书。有关机关应当自收到行政复议意见书之日起六十日内,将纠正相关违法或者不当行政行为的情况报送行政复议机关。

(五)决定的执行

第七十七条　[被申请人履行义务]被申请人应当履行行政复议决定书、调解书、意见书。

被申请人不履行或者无正当理由拖延履行行政复议决定书、调解书、意见书的,行政复议机关或者有关上级行政机关应当责令其限期履行,并可以约谈被申请人的有关负责人或者予以通报批评。

第七十八条　[行政复议决定书、调解书的强制执行]申请人、第三人逾期不起诉又不履行行政复议决定书、调解书的,或者不履行最终裁决的行政复议决定的,按照下列规定分别处理:

(一)维持行政行为的行政复议决定书,由作出行政行为的行政机关依法强制执行,或者申请人民法院强制执行;

(二)变更行政行为的行政复议决定书,由行政复议机关依法强制执行,或者申请人民法院强制执行;

(三)行政复议调解书,由行政复议机关依法强制执行,或者申请人民法院强制执行。

专题十二　行政诉讼概述

考点29、30 行政诉讼与民事诉讼的关系

(一)行政附带民事诉讼制度

第六十一条　[行政诉讼与民事诉讼的交叉]在涉及行政许可、登记、征收、征用和行政机关对民事争议所作的裁决的行政诉讼中,当事人申请一并解决相关民事争议的,人民法院可以一并审理。

在行政诉讼中,人民法院认为行政案件的审理需以民事诉讼的裁判为依据的,可以裁定中止行政诉讼。

《行政诉讼法解释》

第一百三十七条　公民、法人或者其他组织请求一并审理行政诉讼法第六十一条规定的相关民事争议,应当在第一审开庭审理前提出;有正当理由的,也可以在法庭调查中提出。

第一百三十八条　人民法院决定在行政诉讼中一并审理相关民事争议,或者案件当事人一致同意相关民事争议在行政诉讼中一并解决,人民法院准许的,由受理行政案件的人民法院管辖。

公民、法人或者其他组织请求一并审理相关民事争议,人民法院经审查发现行政案件已经超过起诉期限,民事案件尚未立案的,告知当事人另行提起民事诉讼;民事案件已经立案的,由原审判组织继续审理。

人民法院在审理行政案件中发现民事争议为解决行政争议的基础,当事人没有请求人民法院一并审理相关民事争议的,人民法院应当告知当事人依法申请一并解决民事争议。当事人就民事争议另行提起民事诉讼并已立案的,人民法院应当中止行政诉讼的审理。民事争议处理期间不计算在行政诉讼审理期限内。

第一百三十九条　有下列情形之一的,人民法院应当作出不予准许一并审理民事争议的决定,并告知当事人可以依法通过其他渠道主张权利:

(一)法律规定应当由行政机关先行处理的;

(二)违反民事诉讼法专属管辖规定或者协议管辖约定的;

(三)约定仲裁或者已经提起民事诉讼的;
(四)其他不宜一并审理民事争议的情形。
对不予准许的决定可以申请复议一次。

第一百四十条 人民法院在行政诉讼中一并审理相关民事争议的,民事争议应当单独立案,由同一审判组织审理。

人民法院审理行政机关对民事争议所作裁决的案件,一并审理民事争议的,不另行立案。

第一百四十一条 人民法院一并审理相关民事争议,适用民事法律规范的相关规定,法律另有规定的除外。

当事人在调解中对民事权益的处分,不能作为审查被诉行政行为合法性的根据。

第一百四十二条 对行政争议和民事争议应当分别裁判。

当事人仅对行政裁判或者民事裁判提出上诉的,未上诉的裁判在上诉期满后即发生法律效力。第一审人民法院应当将全部案卷一并移送第二审人民法院,由行政审判庭审理。第二审人民法院发现未上诉的生效裁判确有错误的,应当按照审判监督程序再审。

第一百四十三条 行政诉讼原告在宣判前申请撤诉的,是否准许由人民法院裁定。人民法院裁定准许行政诉讼原告撤诉,但其对已经提起的一并审理民事争议不撤诉的,人民法院应当继续审理。

第一百四十四条 人民法院一并审理相关民事争议,应当按行政案件、民事案件的标准分别收取诉讼费用。

(二)在行政诉讼中适用民事诉讼的相关规定

第一百零一条 [适用民事诉讼法规定]人民法院审理行政案件,关于期间、送达、财产保全、开庭审理、调解、中止诉讼、终结诉讼、简易程序、执行等,以及人民检察院对行政案件受理、审理、裁判、执行的监督,本法没有规定的,适用《中华人民共和国民事诉讼法》的相关规定。

专题十三 行政诉讼的受案范围

考点32 行政诉讼受案范围

1 第十二条 [受案范围]人民法院受理公民、法人或者其他组织提起的下列诉讼:
(一)对行政拘留、暂扣或者吊销许可证和执照、责令停产停业、没收违法所得、没收非法财物、罚款、警告等行政处罚不服的;
(二)对限制人身自由或者对财产的查封、扣押、冻结等行政强制措施和行政强制执行不服的;
(三)申请行政许可,行政机关拒绝或者在法定期限内不予答复,或者对行政机关作出的有关行政许可的其他决定不服的;
(四)对行政机关作出的关于确认土地、矿藏、水流、森林、山岭、草原、荒地、滩涂、海域等自然资源的所有权或者使用权的决定不服的;
(五)对征收、征用决定及其补偿决定不服的;
(六)申请行政机关履行保护人身权、财产权等合法权益的法定职责,行政机关拒绝履行或者不予答复的;
(七)认为行政机关侵犯其经营自主权或者农村土地承包经营权、农村土地经营权的;
(八)认为行政机关滥用行政权力排除或者限制竞争的;
(九)认为行政机关违法集资、摊派费用或者违法要求履行其他义务的;
(十)认为行政机关没有依法支付抚恤金、最低生活保障待遇或者社会保险待遇的;
(十一)认为行政机关不依法履行、未按照约定履行或者违法变更、解除政府特许经营协议、土地房屋征收补偿协议等协议的;
(十二)认为行政机关侵犯其他人身权、财产权等合法权益的。

除前款规定外,人民法院受理法律、法规规定可以提起诉讼的其他行政案件。〔2023年回忆~行政协议诉讼的性质;2011年真题~行政诉讼的受案范围〕

《行政诉讼法解释》

第一条第一款 公民、法人或者其他组织对行政机关及其工作人员的行政行为不服,依法提起诉讼的,属于人民法院行政诉讼的受案范围。

《行政许可案件规定》

第一条 公民、法人或者其他组织认为行政机关作出的行政许可决定以及相应的不作为,或者行政机关就行政许可的变更、延续、撤回、注销、撤销等事项作出的有关具体行政行为及其相应的不作为侵犯其合法权益,提起行政诉讼的,人民法院应当依法受理。

第二条 公民、法人或者其他组织认为行政机关未公开行政许可决定或者未提供行政许可监督检查记录侵犯其合法权益,提起行政诉讼的,人民法院应当依法受理。

第三条 公民、法人或者其他组织仅就行政许可过程中的告知补正申请材料、听证等通知行为提起诉讼的,人民法院不予受理,但导致许可程序对上述主体事实上终止的除外。

《行政协议案件规定》

第一条 行政机关为了实现行政管理或者公共服务目标,与公民、法人或者其他组织协商订立的具有行政法上权利义务内容的协议,属于行政诉讼法第十二条第一款第十一项规定的行政协议。

第二条 公民、法人或者其他组织就下列行政协议提起行政诉讼的,人民法院应当依法受理:
(一)政府特许经营协议;
(二)土地、房屋等征收征用补偿协议;
(三)矿业权等国有自然资源使用权出让协议;
(四)政府投资的保障性住房的租赁、买卖等协议;
(五)符合本规定第一条规定的政府与社会资本合作协议;
(六)其他行政协议。

第三条 因行政机关订立的下列协议提起诉讼的,不属于人民法院行政诉讼的受案范围:

（一）行政机关之间因公务协助等事由而订立的协议；
（二）行政机关与其工作人员订立的劳动人事协议。

第四条 因行政协议的订立、履行、变更、终止等发生纠纷，公民、法人或者其他组织作为原告，以行政机关为被告提起行政诉讼的，人民法院应当依法受理。

因行政机关委托的组织订立的行政协议发生纠纷的，委托的行政机关是被告。

第五条 下列与行政协议有利害关系的公民、法人或者其他组织提起行政诉讼的，人民法院应当依法受理：
（一）参与招标、拍卖、挂牌等竞争性活动，认为行政机关应当依法与其订立行政协议但行政机关拒绝订立，或者认为行政机关与他人订立行政协议损害其合法权益的公民、法人或者其他组织；
（二）认为征收征用补偿协议损害其合法权益的被征收征用土地、房屋等不动产的用益物权人、公房承租人；
（三）其他认为行政协议的订立、履行、变更、终止等行为损害其合法权益的公民、法人或者其他组织。[2020年回忆~行政协议的定义；行政诉讼中原告的认定]

第六条 人民法院受理行政协议案件后，被告就该协议的订立、履行、变更、终止等提起反诉的，人民法院不予准许。

第七条 当事人书面协议约定选择被告所在地、原告所在地、协议履行地、协议订立地、标的物所在地等与争议有实际联系地点的人民法院管辖的，人民法院从其约定，但违反级别管辖和专属管辖的除外。

第八条 公民、法人或者其他组织向人民法院提起民事诉讼，生效法律文书以涉案协议属于行政协议为由裁定不予立案或者驳回起诉，当事人又提起行政诉讼的，人民法院应当依法受理。

《政府信息公开行政案件规定》

第一条 公民、法人或者其他组织认为下列政府信息公开工作中的具体行政行为侵犯其合法权益，依法提起行政诉讼的，人民法院应当受理：
（一）向行政机关申请获取政府信息，行政机关拒绝提供或者逾期不予答复的；
（二）认为行政机关提供的政府信息不符合其在申请中要求的内容或者法律、法规规定的适当形式的；
（三）认为行政机关主动公开或者依他人申请公开政府信息侵犯其商业秘密、个人隐私的；
（四）认为行政机关提供的与其自身相关的政府信息记录不准确，要求该行政机关予以更正，该行政机关拒绝更正、逾期不予答复或者不予转送有权机关处理的；
（五）认为行政机关在政府信息公开工作中的其他具体行政行为侵犯其合法权益的。

公民、法人或者其他组织认为政府信息公开行政行为侵犯其合法权益造成损害的，可以一并或单独提起行政赔偿诉讼。

2 第十三条 [受案范围的排除事项] 人民法院不受理公民、法人或者其他组织对下列事项提起的诉讼：
（一）国防、外交等国家行为；
（二）行政法规、规章或者行政机关制定、发布的具有普遍约束力的决定、命令；
（三）行政机关对行政机关工作人员的奖惩、任免等决定；
（四）法律规定由行政机关最终裁决的行政行为。

《行政诉讼法解释》

第一条第二款 下列行为不属于人民法院行政诉讼的受案范围：
（一）公安、国家安全等机关依照刑事诉讼法的明确授权实施的行为；
（二）调解行为以及法律规定的仲裁行为；
（三）行政指导行为；
（四）驳回当事人对行政行为提起申诉的重复处理行为；
（五）行政机关作出的不产生外部法律效力的行为；
（六）行政机关为作出行政行为而实施的准备、论证、研究、层报、咨询等过程性行为；
（七）行政机关根据人民法院的生效裁判、协助执行通知书作出的执行行为，但行政机关扩大执行范围或者采取违法方式实施的除外；
（八）上级行政机关基于内部层级监督关系对下级行政机关作出的听取报告、执法检查、督促履责等行为；
（九）行政机关针对信访事项作出的登记、受理、交办、转送、复查、复核意见等行为；
（十）对公民、法人或者其他组织权利义务不产生实际影响的行为。

第二条 行政诉讼法第十三条第一项规定的"国家行为"，是指国务院、中央军事委员会、国防部、外交部等根据宪法和法律的授权，以国家的名义实施的有关国防和外交事务的行为，以及经宪法和法律授权的国家机关宣布紧急状态等行为。

行政诉讼法第十三条第二项规定的"具有普遍约束力的决定、命令"，是指行政机关针对不特定对象发布的能反复适用的规范性文件。

行政诉讼法第十三条第三项规定的"对行政机关工作人员的奖惩、任免等决定"，是指行政机关作出的涉及行政机关工作人员公务员权利义务的决定。

行政诉讼法第十三条第四项规定的"法律规定由行政机关最终裁决的行政行为"中的"法律"，是指全国人民代表大会及其常务委员会制定、通过的规范性文件。

《政府信息公开行政案件规定》

第二条 公民、法人或者其他组织对下列行为不服提起行政诉讼的，人民法院不予受理：
（一）因申请内容不明确，行政机关要求申请人作出更改、补充且对申请人权利义务不产生实际影响的告知行为；
（二）要求行政机关提供政府公报、报纸、杂志、书籍等公开出版物，行政机关予以拒绝的；
（三）要求行政机关为其制作、搜集政府信息，或者对若干政府信息进行汇总、分析、加工，行政机关予以拒绝的；

（四）行政程序中的当事人、利害关系人以政府信息公开名义申请查阅案卷材料，行政机关告知其应当按照相关法律、法规的规定办理的。

《审计法》

第五十三条　被审计单位对审计机关作出的有关财务收支的审计决定不服，可以依法申请行政复议或者提起行政诉讼。

被审计单位对审计机关作出的有关财政收支的审计决定不服，可以提请审计机关的本级人民政府裁决，本级人民政府的裁决为最终决定。

《出入境管理法》

第三十六条　公安机关出入境管理机构作出的不予办理普通签证延期、换发、补发，不予办理外国人停留居留证件、不予延长居留期限的决定为最终决定。

第六十四条　外国人对依照本法规定对其实施的继续盘问、拘留审查、限制活动范围、遣送出境措施不服的，可以依法申请行政复议，该行政复议决定为最终决定。

其他境外人员对依照本法规定对其实施的遣送出境措施不服，申请行政复议的，适用前款规定。

第八十一条　外国人从事与停留居留事由不相符的活动，或者有其他违反中国法律、法规规定，不适宜在中国境内继续停留居留情形的，可以处限期出境。

外国人违反本法规定，情节严重，尚不构成犯罪的，公安部可以处驱逐出境。公安部的处罚决定为最终决定。

被驱逐出境的外国人，自被驱逐出境之日起十年内不准入境。

专题十四　行政诉讼的管辖

考点33　级别管辖

第十四条　[基层法院管辖]基层人民法院管辖第一审行政案件。

第十五条　[中院管辖]中级人民法院管辖下列第一审行政案件：

（一）对国务院部门或者县级以上地方人民政府所作的行政行为提起诉讼的案件；

（二）海关处理的案件；

（三）本辖区内重大、复杂的案件；

（四）其他法律规定由中级人民法院管辖的案件。

[2022年回忆~中院管辖；2021年回忆~中级人民法院的级别管辖；2012年真题~级别管辖的确定]

第十六条　[高院管辖]高级人民法院管辖本辖区内重大、复杂的第一审行政案件。

第十七条　[最高法院管辖]最高人民法院管辖全国范围内重大、复杂的第一审行政案件。

《行政诉讼法解释》

第五条　有下列情形之一的，属于行政诉讼法第十五条第三项规定的"本辖区内重大、复杂的案件"：

（一）社会影响重大的共同诉讼案件；

（二）涉外或者涉及香港特别行政区、澳门特别行政区、台湾地区的案件；

（三）其他重大、复杂案件。

第六条　当事人以案件重大复杂为由，认为有管辖权的基层人民法院不宜行使管辖权或者根据行政诉讼法第五十二条的规定，向中级人民法院起诉，中级人民法院应当根据不同情况在七日内分别作出以下处理：

（一）决定自行审理；

（二）指定本辖区其他基层人民法院管辖；

（三）书面告知当事人向有管辖权的基层人民法院起诉。

第七条　基层人民法院对其管辖的第一审行政案件，认为需要由中级人民法院审理或者指定管辖的，可以报请中级人民法院决定。中级人民法院应当根据不同情况在七日内分别作出以下处理：

（一）决定自行审理；

（二）指定本辖区其他基层人民法院管辖；

（三）决定由报请的人民法院审理。

第一百三十四条第三款　复议机关作共同被告的案件，以作出原行政行为的行政机关确定案件的级别管辖。

《行政协议案件规定》

第二十六条　行政协议约定仲裁条款的，人民法院应当确认该条款无效，但法律、行政法规或者我国缔结、参加的国际条约另有规定的除外。[2020年回忆~行政协议案件的管辖]

考点34　地域管辖

1 第十八条　[一般地域管辖、跨区管辖]行政案件由最初作出行政行为的行政机关所在地人民法院管辖。经复议的案件，也可以由复议机关所在地人民法院管辖。

经最高人民法院批准，高级人民法院可以根据审判工作的实际情况，确定若干人民法院跨行政区域管辖行政案件。[2022年回忆~一般地域管辖、跨区管辖；2011年真题~行政诉讼的管辖法院]

《行政协议案件规定》

第七条　当事人书面协议约定选择被告所在地、原告所在地、协议履行地、协议订立地、标的物所在地等与争议有实际联系地点的人民法院管辖的，人民法院从其约定，但违反级别管辖和专属管辖的除外。

2 第十九条　[限制人身自由案件的管辖]对限制人身自由的行政强制措施不服提起的诉讼，由被告所在地或者原告所在地人民法院管辖。

《行政诉讼法解释》

第八条　行政诉讼法第十九条规定的"原告所在地"，包括原告的户籍所在地、经常居住地和被限制人身自由地。

对行政机关基于同一事实，既采取限制公民人身自由的行政强制措施，又采取其他行政强制措施或者行政处罚不服的，由被告所在地或者原告所在地的人民法院管辖。

3 第二十条　[不动产案件的管辖]因不动产提起的行政诉讼，由不动产所在地人民法院管辖。

《行政诉讼法解释》

第九条 行政诉讼法第二十条规定的"因不动产提起的行政诉讼"是指因行政行为导致不动产物权变动而提起的诉讼。

不动产已登记的，以不动产登记簿记载的所在地为不动产所在地；不动产未登记的，以不动产实际所在地为不动产所在地。

专题十五 行政诉讼参加人

考点35 行政诉讼的原告

第二十五条 [原告资格]行政行为的相对人以及其他与行政行为有利害关系的公民、法人或者其他组织，有权提起诉讼。

有权提起诉讼的公民死亡，其近亲属可以提起诉讼。

有权提起诉讼的法人或者其他组织终止，承受其权利的法人或者其他组织可以提起诉讼。

人民检察院在履行职责中发现生态环境和资源保护、食品药品安全、国有财产保护、国有土地使用权出让等领域负有监督管理职责的行政机关违法行使职权或者不作为，致使国家利益或者社会公共利益受到侵害的，应当向行政机关提出检察建议，督促其依法履行职责。行政机关不依法履行职责的，人民检察院依法向人民法院提起诉讼。〔2022年回忆～原告资格；2015年真题～行政诉讼当事人；2011年真题～原告的确定〕

《行政诉讼法解释》

第十二条 有下列情形之一的，属于行政诉讼法第二十五条第一款规定的"与行政行为有利害关系"：

（一）被诉的行政行为涉及其相邻权或者公平竞争权的；

（二）在行政复议等行政程序中被追加为第三人的；

（三）要求行政机关依法追究加害人法律责任的；

（四）撤销或者变更行政行为涉及其合法权益的；

（五）为维护自身合法权益向行政机关投诉，具有处理投诉职责的行政机关作出或者未作出处理的；

（六）其他与行政行为有利害关系的情形。

第十三条 债权人以行政机关对债务人所作的行政行为损害债权实现为由提起行政诉讼的，人民法院应当告知其就民事争议提起民事诉讼，但行政机关作出行政行为时依法应予保护或者应予考虑的除外。

第十四条 行政诉讼法第二十五条第二款规定的"近亲属"，包括配偶、父母、子女、兄弟姐妹、祖父母、外祖父母、孙子女、外孙子女和其他具有扶养、赡养关系的亲属。

公民因被限制人身自由而不能提起诉讼的，其近亲属可以依其口头或者书面委托以该公民的名义提起诉讼。近亲属起诉时无法与被限制人身自由的公民取得联系，近亲属可以先行起诉，并在诉讼中补充提交委托证明。

第十五条 合伙企业向人民法院提起诉讼的，应当以核准登记的字号为原告。未依法登记领取营业执照的

个人合伙的全体合伙人为共同原告；全体合伙人可以推选代表人，被推选的代表人，应当由全体合伙人出具推选书。

个体工商户向人民法院提起诉讼的，以营业执照上登记的经营者为原告。有字号的，以营业执照上登记的字号为原告，并应当注明该字号经营者的基本信息。

第十六条 股份制企业的股东大会、股东会、董事会等认为行政机关作出的行政行为侵犯企业经营自主权的，可以企业名义提起诉讼。

联营企业、中外合资或者合作企业的联营、合资、合作各方，认为联营、合资、合作企业权益或者自己一方合法权益受行政行为侵害的，可以自己的名义提起诉讼。

非国有企业被行政机关注销、撤销、合并、强令兼并、出售、分立或者改变企业隶属关系的，该企业或者其法定代表人可以提起诉讼。

第十七条 事业单位、社会团体、基金会、社会服务机构等非营利法人的出资人、设立人认为行政行为损害法人合法权益的，可以自己的名义提起诉讼。

第十八条 业主委员会对于行政机关作出的涉及业主共有利益的行政行为，可以自己的名义提起诉讼。

业主委员会不起诉的，专有部分占建筑物总面积过半数或者占总户数过半数的业主可以提起诉讼。

考点36 行政诉讼的被告

第二十六条 [被告资格]公民、法人或者其他组织直接向人民法院提起诉讼的，作出行政行为的行政机关是被告。

经复议的案件，复议机关决定维持原行政行为的，作出原行政行为的行政机关和复议机关是共同被告；复议机关改变原行政行为的，复议机关是被告。

复议机关在法定期限内未作出复议决定，公民、法人或者其他组织起诉原行政行为的，作出原行政行为的行政机关是被告；起诉复议机关不作为的，复议机关是被告。

两个以上行政机关作出同一行政行为的，共同作出行政行为的行政机关是共同被告。

行政机关委托的组织所作的行政行为，委托的行政机关是被告。

行政机关被撤销或者职权变更的，继续行使其职权的行政机关是被告。〔2023年回忆～行政诉讼的被告；2022年回忆～当事人、共同被告；2018年回忆～行政诉讼的被告制度；2017年真题～行政诉讼的被告制度；2015年真题～行政诉讼当事人；2012年真题～被告资格的确认〕

《行政诉讼法解释》

第十九条 当事人不服经上级行政机关批准的行政行为，向人民法院提起诉讼的，以在对外发生法律效力的文书上署名的机关为被告。〔2021年回忆～行政诉讼的被告〕

第二十条 行政机关组建并赋予行政管理职能但不具有独立承担法律责任能力的机构，以自己的名义作出行政行为，当事人不服提起诉讼的，应当以组建该机构的行政机关为被告。

法律、法规或者规章授权行使行政职权的行政机关内设机构、派出机构或者其他组织，超出法定授权范围实施行政行为，当事人不服提起诉讼的，应当以实施该行为的机构或者组织为被告。〔2023年回忆～行政诉讼的被告〕

没有法律、法规或者规章规定，行政机关授权其内设机构、派出机构或者其他组织行使行政职权的，属于行政诉讼法第二十六条规定的委托。当事人不服提起诉讼的，应当以该行政机关为被告。

第二十一条　当事人对由国务院、省级人民政府批准设立的开发区管理机构作出的行政行为不服提起诉讼的，以该开发区管理机构为被告；对由国务院、省级人民政府批准设立的开发区管理机构所属职能部门作出的行政行为不服提起诉讼的，以其职能部门为被告；对其他开发区管理机构所属职能部门作出的行政行为不服提起诉讼的，以开发区管理机构为被告；开发区管理机构没有行政主体资格的，以设立该机构的地方人民政府为被告。

第二十二条　行政诉讼法第二十六条第二款规定的"复议机关改变原行政行为"，是指复议机关改变原行政行为的处理结果。复议机关改变原行政行为所认定的主要事实和证据、改变原行政行为所适用的规范依据，但未改变原行政行为处理结果的，视为复议机关维持原行政行为。

复议机关确认原行政行为无效，属于改变原行政行为。

复议机关确认原行政行为违法，属于改变原行政行为，但复议机关以违反法定程序为由确认原行政行为违法的除外。

第二十三条　行政机关被撤销或者职权变更，没有继续行使其职权的行政机关的，以其所属的人民政府为被告；实行垂直领导的，以垂直领导的上一级行政机关为被告。

第二十四条　当事人对村民委员会或者居民委员会依据法律、法规、规章的授权履行行政管理职责的行为不服提起诉讼的，以村民委员会或者居民委员会为被告。

当事人对村民委员会、居民委员会受行政机关委托作出的行为不服提起诉讼的，以委托的行政机关为被告。

当事人对高等学校等事业单位以及律师协会、注册会计师协会等行业协会依据法律、法规、规章的授权实施的行政行为不服提起诉讼的，以该事业单位、行业协会为被告。

当事人对高等学校等事业单位以及律师协会、注册会计师协会等行业协会受行政机关委托作出的不服提起诉讼的，以委托的行政机关为被告。

第二十五条　市、县级人民政府确定的房屋征收部门组织实施房屋征收与补偿工作过程中作出行政行为，被征收人不服提起诉讼的，以房屋征收部门为被告。

征收实施单位受房屋征收部门委托，在委托范围内从事的行为，被征收人不服提起诉讼的，应当以房屋征收部门为被告。

第一百三十三条　行政诉讼法第二十六条第二款规定的"复议机关决定维持原行政行为"，包括复议机关驳回复议申请或者复议请求的情形，但以复议申请不符合受理条件为由驳回的除外。

第一百三十四条　复议机关决定维持原行政行为的，作出原行政行为的行政机关和复议机关是共同被告。原告只起诉作出原行政行为的行政机关或者复议机关的，人民法院应当告知原告追加被告。原告不同意追加的，人民法院应当将另一机关列为共同被告。

行政复议决定既有维持原行政行为内容，又有改变原行政行为内容或者不予受理申请内容的，作出原行政行为的行政机关和复议机关为共同被告。

复议机关作共同被告的案件，以作出原行政行为的行政机关确定案件的级别管辖。〔2022年回忆～被告的确定〕

《行政许可案件规定》

第四条　当事人不服行政许可决定提起诉讼的，以作出行政许可决定的机关为被告；行政许可依法须经上级行政机关批准，当事人对批准或者不批准行为不服一并提起诉讼的，以上级行政机关为共同被告；行政许可依法须经下级行政机关或者管理公共事务的组织初步审查并上报，当事人对不予初步审查或者不予上报不服提起诉讼的，以下级行政机关或者管理公共事务的组织为被告。

第五条　行政机关依据行政许可法第26条第2款规定统一办理行政许可的，当事人对行政许可行为不服提起诉讼，以对当事人作出具有实质影响的不利行为的机关为被告。

《政府信息公开行政案件规定》

第四条　公民、法人或者其他组织对国务院部门、地方各级人民政府及县级以上地方人民政府部门依申请公开政府信息行政行为不服提起诉讼的，以作出答复的机关为被告；逾期未作出答复的，以受理申请的机关为被告。

公民、法人或者其他组织对主动公开政府信息行政行为不服提起诉讼的，以公开该政府信息的机关为被告。

公民、法人或者其他组织对法律、法规授权的具有管理公共事务职能的组织公开政府信息的行为不服提起诉讼的，以该组织为被告。

有下列情形之一的，应当以在对外发生法律效力的文书上署名的机关为被告：

（一）政府信息公开与否的答复依法报经有权机关批准的；

（二）政府信息是否可以公开系由国家保密行政管理部门或者省、自治区、直辖市保密行政管理部门确定的；

（三）行政机关在公开政府信息前与有关行政机关进行沟通、确认的。

《最高人民法院关于正确确定县级以上地方人民政府行政诉讼被告资格若干问题的规定》

第一条　法律、法规、规章规定属于县级以上地方人民政府职能部门的行政职权，县级以上地方人民政府通过听取报告、召开会议、组织研究、下发文件等方式进行指导,公民、法人或者其他组织不服县级以上地方人民政府的指导行为提起诉讼的,人民法院应当释明,告知其以具体实施行政行为的职能部门为被告。

第二条 县级以上地方人民政府根据城乡规划法的规定,责成有关职能部门对违法建筑实施强制拆除,公民、法人或者其他组织不服强制拆除行为提起诉讼,人民法院应当根据行政诉讼法第二十六条第一款的规定,以作出强制拆除决定的行政机关为被告;没有强制拆除决定书的,以具体实施强制拆除行为的职能部门为被告。

第三条 公民、法人或者其他组织对集体土地征收中强制拆除房屋等行为不服提起诉讼的,除有证据证明系县级以上地方人民政府具体实施外,人民法院应当根据行政诉讼法第二十六条第一款的规定,以作出强制拆除决定的行政机关为被告;没有强制拆除决定书的,以具体实施强制拆除等行为的行政机关为被告。

县级以上地方人民政府已经作出国有土地上房屋征收与补偿决定,公民、法人或者其他组织不服具体实施房屋征收与补偿工作中的强制拆除房屋等行为提起诉讼的,人民法院应当根据行政诉讼法第二十六条第一款的规定,以作出强制拆除决定的行政机关为被告;没有强制拆除决定书的,以县级以上地方人民政府确定的房屋征收部门为被告。〔2023年回忆~房屋征收与补偿的被告〕

第四条 公民、法人或者其他组织向县级以上地方人民政府申请履行法定职责或者给付义务,法律、法规、规章规定该职责或者义务属于下级人民政府或者相应职能部门的行政职权,县级以上地方人民政府已经转送下级人民政府或者相应职能部门处理并告知申请人,申请人起诉要求履行法定职责或者给付义务,以下级人民政府或者相应职能部门为被告。

第五条 县级以上地方人民政府确定的不动产登记机构或者其他实际履行该职责的职能部门按照《不动产登记暂行条例》的规定办理不动产登记,公民、法人或者其他组织不服提起诉讼的,以不动产登记机构或者实际履行该职责的职能部门为被告。

公民、法人或者其他组织对《不动产登记暂行条例》实施之前由县级以上地方人民政府作出的不动产登记行为不服提起诉讼的,以继续行使其职权的不动产登记机构或者实际履行该职责的职能部门为被告。

第六条 县级以上地方人民政府根据《中华人民共和国政府信息公开条例》的规定,指定具体机构负责政府信息公开日常工作,公民、法人或者其他组织对该指定机构以自己名义所作的政府信息公开行为不服提起诉讼的,以该指定机构为被告。

第七条 被诉行政行为不是县级以上地方人民政府作出,公民、法人或者其他组织以县级以上地方人民政府作为被告的,人民法院应当予以指导和释明,告知其向有管辖权的人民法院起诉;公民、法人或者其他组织经人民法院释明仍不变更的,人民法院可以裁定不予立案,也可以将案件移送有管辖权的人民法院。

考点37 行政诉讼第三人

第二十九条 ［第三人］公民、法人或者其他组织同被诉行政行为有利害关系但没有提起诉讼,或者同案件处理结果有利害关系的,可以作为第三人申请参加诉讼,或者由人民法院通知参加诉讼。

人民法院判决第三人承担义务或者减损第三人权益的,第三人有权依法提起上诉。〔2022年回忆~第三人〕

《行政诉讼法解释》

第二十六条第二款 应当追加被告而原告不同意追加的,人民法院应当通知其以第三人的身份参加诉讼,但行政复议机关作共同被告的除外。

第二十八条 人民法院追加共同诉讼的当事人时,应当通知其他当事人。应当追加的原告,已明确表示放弃实体权利的,可不予追加;既不愿意参加诉讼,又不放弃实体权利的,应追加为第三人,其不参加诉讼,不能阻碍人民法院对案件的审理和裁判。

第三十条 行政机关的同一行政行为涉及两个以上利害关系人,其中一部分利害关系人对行政行为不服提起诉讼,人民法院应当通知没有起诉的其他利害关系人作为第三人参加诉讼。

与行政案件处理结果有利害关系的第三人,可以申请参加诉讼,或者由人民法院通知其参加诉讼。人民法院判决其承担义务或者减损其权益的第三人,有权提出上诉或者申请再审。

行政诉讼法第二十九条规定的第三人,因不能归责于本人的事由未参加诉讼,但有证据证明发生法律效力的判决、裁定、调解书损害其合法权益的,可以依照行政诉讼法第九十条的规定,自知道或者应当知道其合法权益受到损害之日起六个月内,向上一级人民法院申请再审。〔2012年真题~行政诉讼的第三人〕

《专利法》

第四十六条第二款 ［异议的审查］对国务院专利行政部门宣告专利权无效或者维持专利权的决定不服的,可以自收到通知之日起三个月内向人民法院起诉。人民法院应当通知无效宣告请求程序的对方当事人作为第三人参加诉讼。

专题十六 行政诉讼程序

考点38 行政诉讼的提起

(一)起诉条件

第四十九条 ［起诉条件］提起诉讼应当符合下列条件:
(一)原告是符合本法第二十五条规定的公民、法人或者其他组织;
(二)有明确的被告;
(三)有具体的诉讼请求和事实根据;
(四)属于人民法院受案范围和受诉人民法院管辖。

(二)起诉期限

1 第四十五条 ［复议后的起诉期限］公民、法人或者其他组织不服复议决定的,可以在收到复议决定书之日起十五日内向人民法院提起诉讼。复议机关逾期不作决定的,申请人可以在复议期满之日起十五日内向人民法院提起诉讼。法律另有规定的除外。〔2022年回忆~复议后的起诉期限;2013年真题~起诉与受理;2012年真题~起诉期限的确定〕

《行政诉讼法解释》

第五十六条第二款 依照行政诉讼法第四十五条的规定,复议机关不受理复议申请或者在法定期限内不作出复议决定,公民、法人或者其他组织不服,依法向人民法院提起诉讼的,人民法院应当依法立案。

第五十九条 公民、法人或者其他组织向复议机关申请行政复议后,复议机关作出维持决定的,应当以复议机关和原行为机关为共同被告,并以复议决定送达时间确定起诉期限。

2 第四十六条 [一般案件的起诉期限]公民、法人或者其他组织直接向人民法院提起诉讼的,应当自知道或者应当知道作出行政行为之日起六个月内提出。法律另有规定的除外。

因不动产提起诉讼的案件自行政行为作出之日起超过二十年,其他案件自行政行为作出之日起超过五年提起诉讼的,人民法院不予受理。〔2018年回忆~起诉期限〕

《行政诉讼法解释》

第六十四条 行政机关作出行政行为时,未告知公民、法人或者其他组织起诉期限的,起诉期限从公民、法人或者其他组织知道或者应当知道起诉期限之日起计算,但从知道或者应当知道行政行为内容之日起最长不得超过一年。

复议决定未告知公民、法人或者其他组织起诉期限的,适用前款规定。〔2022年回忆~起诉期限;2021年回忆~行政不作为案件的起诉期限〕

第六十五条 公民、法人或者其他组织不知道行政机关作出的行政行为内容的,其起诉期限从知道或者应当知道该行政行为内容之日起计算,但最长不得超过行政诉讼法第四十六条第二款规定的起诉期限。〔2022年回忆~起诉期限〕

《行政协议案件规定》

第二十五条 公民、法人或者其他组织对行政机关不依法履行、未按照约定履行行政协议提起诉讼的,诉讼时效参照民事法律规范确定;对行政机关变更、解除行政协议等行政行为提起诉讼的,起诉期限依照行政诉讼法及其司法解释确定。

3 第四十七条 [不作为案件的起诉期限]公民、法人或者其他组织申请行政机关履行保护其人身权、财产权等合法权益的法定职责,行政机关在接到申请之日起两个月内不履行的,公民、法人或者其他组织可以向人民法院提起诉讼。法律、法规对行政机关履行职责的期限另有规定的,从其规定。

公民、法人或者其他组织在紧急情况下请求行政机关履行保护其人身权、财产权等合法权益的法定职责,行政机关不履行的,提起诉讼不受前款规定期限的限制。〔2021年回忆~行政不作为案件的起诉期限〕

《行政诉讼法解释》

第六十六条 公民、法人或者其他组织依照行政诉讼法第四十七条第一款的规定,对行政机关不履行法定职责提起诉讼的,应当在行政机关履行法定职责期限届满之日起六个月内提出。〔2021年回忆~行政不作为案件的起诉期限〕

4 第四十八条 [起诉期限的扣除和申请延长]公民、法人或者其他组织因不可抗力或者其他不属于其自身的原因耽误起诉期限的,被耽误的时间不计算在起诉期限内。

公民、法人或者其他组织因前款规定以外的其他特殊情况耽误起诉期限的,在障碍消除后十日内,可以申请延长期限,是否准许由人民法院决定。

(三)起诉方式

第五十条 [起诉方式]起诉应当向人民法院递交起诉状,并按照被告人数提出副本。

书写起诉状确有困难的,可以口头起诉,由人民法院记入笔录,出具注明日期的书面凭证,并告知对方当事人。

考点39 行政诉讼的受理

(一)起诉审查

第五十一条第一~三款 [登记立案]人民法院在接到起诉状时对符合本法规定的起诉条件的,应当登记立案。

对当场不能判定是否符合本法规定的起诉条件的,应当接收起诉状,出具注明收到日期的书面凭证,并在七日内决定是否立案。不符合起诉条件的,作出不予立案的裁定。裁定书应当载明不予立案的理由。原告对裁定不服的,可以提起上诉。

起诉状内容欠缺或者有其他错误的,应当给予指导和释明,并一次性告知当事人需要补正的内容。不得未经指导和释明即以起诉不符合条件为由不接收起诉状。〔2015年真题~对起诉的审查和处理〕

《行政诉讼法解释》

第五十三条 人民法院对符合起诉条件的案件应当立案,依法保障当事人行使诉讼权利。

对当事人依法提起的诉讼,人民法院应当根据行政诉讼法第五十一条的规定接收起诉状。能够判断符合起诉条件的,应当当场登记立案;当场不能判断是否符合起诉条件的,应当在接收起诉状后七日内决定是否立案;七日内仍不能作出判断的,应当先予立案。

第五十五条 依照行政诉讼法第五十一条的规定,人民法院应当就起诉内容和材料是否完备以及是否符合行政诉讼法规定的起诉条件进行审查。

起诉状内容或者材料欠缺的,人民法院应当给予指导和释明,并一次性全面告知当事人需要补正的内容、补充的材料及期限。在指定期限内补正并符合起诉条件的,应当登记立案。当事人拒绝补正或者经补正仍不符合起诉条件的,退回起诉状并记录在册;坚持起诉的,裁定不予立案,并载明不予立案的理由。

第六十二条　人民法院判决撤销行政机关的行政行为后，公民、法人或者其他组织对行政机关重新作出的行政行为不服向人民法院起诉的，人民法院应当依法立案。

第六十三条　行政机关作出行政行为时，没有制作或者没有送达法律文书，公民、法人或者其他组织只要能证明行政行为存在，并在法定期限内起诉的，人民法院应当依法立案。

(二)起诉人的救济途径

第五十一条第四款　[登记立案]对于不接收起诉状、接收起诉状后不出具书面凭证，以及不一次性告知当事人需要补正的起诉状内容的，当事人可以向上级人民法院投诉，上级人民法院应当责令改正，并对直接负责的主管人员和其他直接责任人员依法给予处分。[2015年真题~对起诉的审查和处理]

第五十二条　[法院不立案的救济方式]人民法院既不立案，又不作出不予立案裁定的，当事人可以向上一级人民法院起诉。上一级人民法院认为符合起诉条件的，应当立案、审理，也可以指定其他下级人民法院立案、审理。

(三)裁定驳回起诉

《行政诉讼法解释》

第六十九条　有下列情形之一，已经立案的，应当裁定驳回起诉：

(一)不符合行政诉讼法第四十九条规定的；

(二)超过法定起诉期限且无行政诉讼法第四十八条规定情形的；

(三)错列被告且拒绝变更的；

(四)未按照法律规定由法定代理人、指定代理人、代表人为诉讼行为的；

(五)未按照法律、法规规定先向行政机关申请复议的；

(六)重复起诉的；

(七)撤回起诉后无正当理由再行起诉的；

(八)行政行为对其合法权益明显不产生实际影响的；

(九)诉讼标的已为生效裁判或者调解书所羁束的；

(十)其他不符合法定起诉条件的情形。

前款所列情形可以补正或者更正的，人民法院应当指定期间责令补正或者更正；在指定期间已经补正或者更正的，应当依法审理。

人民法院经过阅卷、调查或者询问当事人，认为不需要开庭审理的，可以迳行裁定驳回起诉。

第一百零六条　当事人就已经提起诉讼的事项在诉讼过程中或者裁判生效后再次起诉，同时具有下列情形的，构成重复起诉：

(一)后诉与前诉的当事人相同；

(二)后诉与前诉的诉讼标的相同；

(三)后诉与前诉的诉讼请求相同，或者后诉的诉讼请求被前诉裁判所包含。

考点40　第一审普通程序

(一)审前程序

1 第六十七条　[发送起诉状副本和提出答辩状]人民法院应当在立案之日起五日内，将起诉状副本发送被告。被告应当在收到起诉状副本之日起十五日内向人民法院提交作出行政行为的证据和所依据的规范性文件，并提出答辩状。人民法院应当在收到答辩状之日起五日内，将答辩状副本发送原告。

被告不提出答辩状的，不影响人民法院审理。

《行政诉讼法解释》

第七十条　起诉状副本送达被告后，原告提出新的诉讼请求的，人民法院不予准许，但有正当理由的除外。

第七十一条　人民法院适用普通程序审理案件，应当在开庭三日前用传票传唤当事人。对证人、鉴定人、勘验人、翻译人员，应当用通知书通知其到庭。当事人或者其他诉讼参与人在外地的，应当留有必要的在途时间。

2 第六十八条　[审判组织形式]人民法院审理行政案件，由审判员组成合议庭，或者由审判员、陪审员组成合议庭。合议庭的成员，应当是三人以上的单数。

(二)审理与宣判

1 第八十条　[公开宣判]人民法院对公开审理和不公开审理的案件，一律公开宣告判决。

当庭宣判的，应当在十日内发送判决书；定期宣判的，宣判后立即发给判决书。

宣告判决时，必须告知当事人上诉权利、上诉期限和上诉的人民法院。[2015年真题~行政诉讼一审判决]

2 第八十一条　[一审期限]人民法院应当在立案之日起六个月内作出第一审判决。有特殊情况需要延长的，由高级人民法院批准，高级人民法院审理第一审案件需要延长的，由最高人民法院批准。

《行政诉讼法解释》

第五十条第三款　基层人民法院申请延长审理期限，应当直接报请高级人民法院批准，同时报中级人民法院备案。

考点41　行政诉讼简易程序

(一)适用范围与审理程序

第八十二条　[简易程序的适用情形]人民法院审理下列第一审行政案件，认为事实清楚、权利义务关系明确、争议不大的，可以适用简易程序：

(一)被诉行政行为是依法当场作出的；

(二)案件涉及款额二千元以下的；

(三)属于政府信息公开案件的。

除前款规定以外的第一审行政案件，当事人各方同意适用简易程序的，可以适用简易程序。

发回重审、按照审判监督程序再审的案件不适用简易程序。

第八十三条　[简易程序的审判组织形式和审限]适用简易程序审理的行政案件，由审判员一人独任审理，并应当在立案之日起四十五日内审结。

《行政诉讼法解释》

第一百零三条　适用简易程序审理的行政案件,人民法院可以用口头通知、电话、短信、传真、电子邮件等简便方式传唤当事人、通知证人、送达裁判文书以外的诉讼文书。

以简便方式送达的开庭通知,未经当事人确认或者没有其他证据证明当事人已经收到的,人民法院不得缺席判决。

第一百零四条　适用简易程序案件的举证期限由人民法院确定,也可以由当事人协商一致并经人民法院准许,但不得超过十五日。被告要求书面答辩的,人民法院可以确定合理的答辩期间。

人民法院应当将举证期限和开庭日期告知双方当事人,并向当事人说明逾期举证以及拒不到庭的法律后果,由双方当事人在笔录和开庭传票的送达回证上签名或者捺印。

当事人双方均表示同意立即开庭或者缩短举证期限、答辩期间的,人民法院可以立即开庭审理或者确定近期开庭。

(二)程序转化

第八十四条　[简易程序与普通程序的转换]人民法院在审理过程中,发现案件不宜适用简易程序的,裁定转为普通程序。

《行政诉讼法解释》

第一百零五条　人民法院发现案情复杂,需要转为普通程序审理的,应当在审理期限届满前作出裁定并将合议庭组成人员及相关事项书面通知双方当事人。

案件转为普通程序审理的,审理期限自人民法院立案之日起计算。

专题十七　行政诉讼证据

考点42 举证责任

(一)被告举证责任

第三十四条　[被告举证责任]被告对作出的行政行为负有举证责任,应当提供作出该行政行为的证据和所依据的规范性文件。

被告不提供或者无正当理由逾期提供证据,视为没有相应证据。但是,被诉行政行为涉及第三人合法权益,第三人提供证据的除外。

《行政诉讼法解释》

第一百三十五条　复议机关决定维持原行政行为的,人民法院应当在审查原行政行为合法性的同时,一并审查复议决定的合法性。

作出原行政行为的行政机关和复议机关对原行政行为合法性共同承担举证责任,可以由其中一个机关实施举证行为。复议机关对复议决定的合法性承担举证责任。

复议机关作共同被告的案件,复议机关在复议程序中依法收集和补充的证据,可以作为人民法院认定复议决定和原行政行为合法的依据。

《行政诉讼证据规定》

第一条第一款　根据行政诉讼法第三十二条(现为第三十四条)①和第四十三条(现为第六十七条)的规定,被告对作出的具体行政行为负有举证责任,应当在收到起诉状副本之日起十日内,提供据以作出被诉具体行政行为的全部证据和所依据的规范性文件。被告不提供或者无正当理由逾期提供证据的,视为被诉具体行政行为没有相应的证据。

第二条　原告或者第三人提出其在行政程序中没有提出的反驳理由或者证据的,经人民法院准许,被告可以在第一审程序中补充相应的证据。

第四条　公民、法人或者其他组织向人民法院起诉时,应当提供其符合起诉条件的相应的证据材料。

在起诉被告不作为的案件中,原告应当提供其在行政程序中曾经提出过申请的证据材料。但有下列情形的除外:

(一)被告应当依职权主动履行法定职责的;

(二)原告因被告受理申请的登记制度不完备等正当事由不能提供相关证据材料并能够作出合理说明的。

被告认为原告起诉超过法定期限的,由被告承担举证责任。

《行政许可案件规定》

第八条　被告不提供或者无正当理由逾期提供证据的,与被诉行政许可行为有利害关系的第三人可以向人民法院提供;第三人对无法提供的证据,可以申请人民法院调取;人民法院在当事人无争议,但涉及国家利益、公共利益或者他人合法权益的情况下,也可以依职权调取证据。

第三人提供或者人民法院调取的证据能够证明行政许可行为合法的,人民法院应当判决驳回原告的诉讼请求。

《行政协议案件规定》

第十条第一款　被告对于自己具有法定职权、履行法定程序、履行相应法定职责以及订立、履行、变更、解除行政协议等行为的合法性承担举证责任。

《政府信息公开行政案件规定》

第五条第一至四款　被告拒绝向原告提供政府信息的,应当对拒绝的根据以及履行法定告知和说明理由义务的情况举证。

因公共利益决定公开涉及商业秘密、个人隐私政府信息的,被告应当对认定公共利益以及不公开可能对公共利益造成重大影响的理由进行举证和说明。

被告拒绝更正与原告相关的政府信息记录的,应当对拒绝的理由进行举证和说明。

被告能够证明政府信息涉及国家秘密,请求在诉讼中不予提交的,人民法院应当准许。

(二)原告举证权利与责任

1 第三十七条　[原告举证权利]原告可以提供证明行政行为违法的证据。原告提供的证据不成立的,不免除被告的举证责任。

---

① 编者注,下同。

《行政诉讼证据规定》

第六条 原告可以提供证明被诉具体行政行为违法的证据。原告提供的证据不成立的，不免除被告对被诉具体行政行为合法性的举证责任。

② 第三十八条　[原告举证责任]在起诉被告不履行法定职责的案件中，原告应当提供其向被告提出申请的证据。但有下列情形之一的除外：

（一）被告应当依职权主动履行法定职责的；

（二）原告因正当理由不能提供证据的。

在行政赔偿、补偿的案件中，原告应当对行政行为造成的损害提供证据。因被告的原因导致原告无法举证的，由被告承担举证责任。[2018年回忆~举证责任分配]

《行政诉讼法解释》

第四十七条 根据行政诉讼法第三十八条第二款的规定，在行政赔偿、补偿案件中，因被告的原因导致原告无法就损害情况举证的，应当由被告就该损害情况承担举证责任。

对于各方主张损失的价值无法认定的，应当由负有举证责任的一方当事人申请鉴定，但法律、法规、规章规定行政机关在作出行政行为时依法应当评估或者鉴定的除外；负有举证责任的当事人拒绝申请鉴定的，由其承担不利的法律后果。

当事人的损失因客观原因无法鉴定的，人民法院应当结合当事人的主张和在案证据，遵循法官职业道德，运用逻辑推理和生活经验、生活常识等，酌情确定赔偿数额。

《行政诉讼证据规定》

第四条 公民、法人或者其他组织向人民法院起诉时，应当提供其符合起诉条件的相应的证据材料。

在起诉被告不作为的案件中，原告应当提供其在行政程序中曾经提出申请的证据材料。但有下列情形的除外：

（一）被告应当依职权主动履行法定职责的；

（二）原告因被告受理申请的登记制度不完备等正当事由不能提供相关证据材料并能够作出合理说明的。

被告认为原告起诉超过法定期限的，由被告承担举证责任。

第五条 在行政赔偿诉讼中，原告应当对被诉具体行政行为造成损害的事实提供证据。

第七条 原告或者第三人应当在开庭审理前或者人民法院指定的交换证据之日提供证据。因正当事由申请延期提供证据的，经人民法院准许，可以在法庭调查中提供。逾期提供证据的，视为放弃举证权利。

原告或者第三人在第一审程序中无正当事由未提供而在第二审程序中提供的证据，人民法院不予接纳。

《行政协议案件规定》

第十条第二、三款 原告主张撤销、解除行政协议的，对撤销、解除行政协议的事由承担举证责任。

对行政协议是否履行发生争议的，由负有履行义务的当事人承担举证责任。

《政府信息公开行政案件规定》

第五条第七款 原告起诉被告拒绝更正政府信息记录的，应当提供其向被告提出过更正申请以及政府信息与其自身相关且记录不准确的事实根据。

(三)举证期限

（1）被告举证期限

第六十七条第一款　[被告提交证据期限]人民法院应当在立案之日起五日内，将起诉状副本发送被告。被告应当在收到起诉状副本之日起十五日内向人民法院提交作出行政行为的证据和所依据的规范性文件，并提出答辩状。人民法院应当在收到答辩状之日起五日内，将答辩状副本发送原告。

（2）原告举证期限

《行政诉讼法解释》

第三十五条 原告或者第三人应当在开庭审理前或者人民法院指定的交换证据清单之日提供证据。因正当事由申请延期提供证据的，经人民法院准许，可以在法庭调查中提供。逾期提供证据的，人民法院应当责令其说明理由；拒不说明理由或者理由不成立的，视为放弃举证权利。

原告或者第三人在第一审程序中无正当事由未提供而在第二审程序中提供的证据，人民法院不予接纳。

考点43 证据的种类及提供证据的要求

第三十三条　[证据种类]证据包括：

（一）书证；

（二）物证；

（三）视听资料；

（四）电子数据；

（五）证人证言；

（六）当事人的陈述；

（七）鉴定意见；

（八）勘验笔录、现场笔录。

以上证据经法庭审查属实，才能作为认定案件事实的根据。

《行政诉讼证据规定》

第十条 根据行政诉讼法第三十一条（现为第三十三条）第一款第（一）项的规定，当事人向人民法院提供书证的，应当符合下列要求：

（一）提供书证的原件。原本、正本和副本均属于书证的原件。提供原件确有困难的，可以提供与原件核对无误的复印件、照片、节录本；

（二）提供由有关部门保管的书证原件的复制件、影印件或者抄录件的，应当注明出处，经该部门核对无异后加盖其印章；

（三）提供报表、图纸、会计账册、专业技术资料、科技文献等书证的，应当附有说明材料；

（四）被告提供的被诉具体行政行为所依据的询问、陈述、谈话类笔录，应当有行政执法人员、被询问人、陈述人、谈话人签名或者盖章。

法律、法规、司法解释和规章对书证的制作形式另有规定的，从其规定。

第十一条 根据行政诉讼法第三十一条（现为第三十三条）第一款第（二）项的规定，当事人向人民法院提供

物证的,应当符合下列要求:

(一)提供原物。提供原物确有困难的,可以提供与原物核对无误的复制件或者证明该物证的照片、录像等其他证据;

(二)原物为数量较多的种类物的,提供其中的一部分。

第十二条 根据行政诉讼法第三十一条(现为第三十三条)第一款第(三)项的规定,当事人向人民法院提供计算机数据或者录音、录像等视听资料的,应当符合下列要求:

(一)提供有关资料的原始载体。提供原始载体确有困难的,可以提供复制件;

(二)注明制作方法、制作时间、制作人和证明对象等;

(三)声音资料应当附有该声音内容的文字记录。

第十三条 根据行政诉讼法第三十一条第一款第(四)项[现为第三十三条第一款第(五)项]的规定,当事人向人民法院提供证人证言的,应当符合下列要求:

(一)写明证人的姓名、年龄、性别、职业、住址等基本情况;

(二)有证人的签名,不能签名的,应当以盖章等方式证明;

(三)注明出具日期;

(四)附有居民身份证复印件等证明证人身份的文件。

第十四条 根据行政诉讼法第三十一条第一款第(六)项[现为第三十三条第一款第(五)项]的规定,被告向人民法院提供的在行政程序中采用的鉴定结论,应当载明委托人和委托鉴定的事项、向鉴定部门提交的相关材料、鉴定的依据和使用的科学技术手段、鉴定部门和鉴定人鉴定资格的说明,并应有鉴定人的签名和鉴定部门的盖章。通过分析获得的鉴定结论,应当说明分析过程。

第十五条 根据行政诉讼法第三十一条第一款第(七)项[现为第三十三条第一款第(八)项]的规定,被告向人民法院提供的现场笔录,应当载明时间、地点和事件等内容,并由执法人员和当事人签名。当事人拒绝签名或者不能签名的,应当注明原因。有其他人在现场的,可由其他人签名。法律、法规和规章对现场笔录的制作形式另有规定的,从其规定。

第十六条 当事人向人民法院提供的在中华人民共和国领域外形成的证据,应当说明来源,经所在国公证机关证明,并经中华人民共和国驻该国使领馆认证,或者履行中华人民共和国与证据所在国订立的有关条约中规定的证明手续。

当事人提供的在中华人民共和国香港特别行政区、澳门特别行政区和台湾地区内形成的证据,应当具有按照有关规定办理的证明手续。

第十七条 当事人向人民法院提供外文书证或者外国语视听资料的,应当附有由具有翻译资质的机构翻译的或者其他翻译准确的中文译本,由翻译机构盖章或者翻译人员签名。

考点45 质证及证据的审核认定

第四十三条 [质证、认证、非法证据的排除]证据应当在法庭上出示,并由当事人互相质证。对涉及国家秘密、商业秘密和个人隐私的证据,不得在公开开庭时出示。

人民法院应当按照法定程序,全面、客观地审查核实证据。对未采纳的证据应当在裁判文书中说明理由。

以非法手段取得的证据,不得作为认定案件事实的根据。

《行政诉讼证据规定》

第五十三条 人民法院裁判行政案件,应当以证据证明的案件事实为依据。

第五十四条 法庭应当对经过庭审质证的证据和无需质证的证据进行逐一审查和对全部证据综合审查,遵循法官职业道德,运用逻辑推理和生活经验,进行全面、客观和公正地分析判断,确定证据材料与案件事实之间的证明关系,排除不具有关联性的证据材料,准确认定案件事实。

第五十五条 法庭应当根据案件的具体情况,从以下方面审查证据的合法性:

(一)证据是否符合法定形式;

(二)证据的取得是否符合法律、法规、司法解释和规章的要求;

(三)是否有影响证据效力的其他违法情形。

第五十六条 法庭应当根据案件的具体情况,从以下方面审查证据的真实性:

(一)证据形成的原因;

(二)发现证据时的客观环境;

(三)证据是否为原件、原物,复制件、复制品与原件、原物是否相符;

(四)提供证据的人或者证人与当事人是否具有利害关系;

(五)影响证据真实性的其他因素。

第五十七条 下列证据材料不能作为定案依据:

(一)严重违反法定程序收集的证据材料;

(二)以偷拍、偷录、窃听等手段获取侵害他人合法权益的证据材料;

(三)以利诱、欺诈、胁迫、暴力等不正当手段获取的证据材料;

(四)当事人无正当事由超出举证期限提供的证据材料;

(五)在中华人民共和国领域以外或者在中华人民共和国香港特别行政区、澳门特别行政区和台湾地区形成的未办理法定证明手续的证据材料;

(六)当事人无正当理由拒不提供原件、原物,又无其他证据印证,且对方当事人不予认可的证据的复制件或者复制品;

(七)被当事人或者他人进行技术处理而无法辨明真伪的证据材料;

(八)不能正确表达意志的证人提供的证言;

(九)不具备合法性和真实性的其他证据材料。

第五十八条 以违反法律禁止性规定或者侵犯他人合法权益的方法取得的证据,不能作为认定案件事实的依据。

第五十九条 被告在行政程序中依照法定程序要求原告提供证据,原告依法应当提供而拒不提供,在诉讼程序中提供的证据,人民法院一般不予采纳。

第六十条 下列证据不能作为认定被诉具体行政行为合法的依据:

(一)被告及其诉讼代理人在作出具体行政行为后或者在诉讼程序中自行收集的证据;

(二)被告在行政程序中非法剥夺公民、法人或者其他组织依法享有的陈述、申辩或者听证权利所采用的证据;

(三)原告或者第三人在诉讼程序中提供的、被告在行政程序中未作为具体行政行为依据的证据。

第六十一条 复议机关在复议程序中收集和补充的证据,或者作出原具体行政行为的行政机关在复议程序中未向复议机关提交的证据,不能作为人民法院认定原具体行政行为合法的依据。

第六十二条 对被告在行政程序中采纳的鉴定意见,原告或者第三人提出证据证明有下列情形之一的,人民法院不予采纳:

(一)鉴定人不具备鉴定资格;

(二)鉴定程序严重违法;

(三)鉴定意见错误、不明确或者内容不完整。

第六十三条 证明同一事实的数个证据,其证明效力一般可以按照下列情形分别认定:

(一)国家机关以及其他职能部门依职权制作的公文文书优于其他书证;

(二)鉴定意见、现场笔录、勘验笔录、档案材料以及经过公证或者登记的书证优于其他书证、视听资料和证人证言;

(三)原件、原物优于复制件、复制品;

(四)法定鉴定部门的鉴定意见优于其他鉴定部门的鉴定意见;

(五)法庭主持勘验所制作的勘验笔录优于其他部门主持勘验所制作的勘验笔录;

(六)原始证据优于传来证据;

(七)其他证人证言优于与当事人有亲属关系或者其他密切关系的证人提供的对该当事人有利的证言;

(八)出庭作证的证人证言优于未出庭作证的证人证言;

(九)数个种类不同、内容一致的证据优于一个孤立的证据。

第六十四条 以有形载体固定或者显示的电子数据交换、电子邮件以及其他数据资料,其制作情况和真实性经对方当事人确认,或者以公证等其他有效方式予以证明的,与原件具有同等的证明效力。

第六十五条 在庭审中一方当事人或者其代理人在代理权限范围内对另一方当事人陈述的案件事实明确表示认可的,人民法院可以对该事实予以认定。但有相反证据足以推翻的除外。

第六十六条 在行政赔偿诉讼中,人民法院主持调解时当事人为达成调解协议而对案件事实的认可,不得在其后的诉讼中作为对其不利的证据。

第六十七条 在不受外力影响的情况下,一方当事人提供的证据,对方当事人明确表示认可的,可以认定该证据的证明效力;对方当事人予以否认,但不能提供充分的证据进行反驳的,可以综合全案情况审查认定该证据的证明效力。

第六十八条 下列事实法庭可以直接认定:

(一)众所周知的事实;

(二)自然规律及定理;

(三)按照法律规定推定的事实;

(四)已经依法证明的事实;

(五)根据日常生活经验法则推定的事实。

前款(一)、(三)、(四)、(五)项,当事人有相反证据足以推翻的除外。

第六十九条 原告确有证据证明被告持有的证据对原告有利,被告无正当事由拒不提供的,可以推定原告的主张成立。

第七十条 生效的人民法院裁判文书或者仲裁机构裁决文书确认的事实,可以作为定案依据。但是如果发现裁判文书或者裁决文书认定的事实有重大问题的,应当中止诉讼,通过法定程序予以纠正后恢复诉讼。

第七十一条 下列证据不能单独作为定案依据:

(一)未成年人所作的与其年龄和智力状况不相适应的证言;

(二)与一方当事人有亲属关系或者其他密切关系的证人所作的对该当事人有利的证言,或者与一方当事人有不利关系的证人所作的对该当事人不利的证言;

(三)应当出庭作证而无正当理由不出庭作证的证人证言;

(四)难以识别是否经过修改的视听资料;

(五)无法与原件、原物核对的复制件或者复制品;

(六)经一方当事人或者他人改动,对方当事人不予认可的证据材料;

(七)其他不能单独作为定案依据的证据材料。

第七十二条 庭审中经过质证的证据,能够当庭认定的,应当当庭认定;不能当庭认定的,应当在合议庭合议时认定。

人民法院应当在裁判文书中阐明证据是否采纳的理由。

第七十三条 法庭发现当庭认定的证据有误,可以按照下列方式纠正:

(一)庭审结束前发现错误的,应当重新进行认定;

(二)庭审结束后宣判前发现错误的,在裁判文书中予以更正并说明理由,也可以再次开庭予以认定;

(三)有新的证据材料可能推翻已认定的证据的,应当再次开庭予以认定。

《行政诉讼法解释》

第四十一条 有下列情形之一,原告或者第三人要

求相关行政执法人员出庭说明的,人民法院可以准许:
(一)对现场笔录的合法性或者真实性有异议的;
(二)对扣押财产的品种或者数量有异议的;
(三)对检验的物品取样或者保管有异议的;
(四)对行政执法人员身份的合法性有异议的;
(五)需要出庭说明的其他情形。

第四十三条 有下列情形之一的,属于行政诉讼法第四十三条第三款规定的"以非法手段取得的证据":
(一)严重违反法定程序收集的证据材料;
(二)以违反法律强制性规定的手段获取且侵害他人合法权益的证据材料;
(三)以利诱、欺诈、胁迫、暴力等手段获取的证据材料。

专题十八 行政诉讼的法律适用

考点46 行政诉讼的法律适用

第六十三条 [法律适用]人民法院审理行政案件,以法律和行政法规、地方性法规为依据。地方性法规适用于本行政区域内发生的行政案件。

人民法院审理民族自治地方的行政案件,并以该民族自治地方的自治条例和单行条例为依据。

人民法院审理行政案件,参照规章。

《行政诉讼法解释》

第一百条 人民法院审理行政案件,适用最高人民法院司法解释的,应当在裁判文书中援引。

人民法院审理行政案件,可以在裁判文书中引用合法有效的规章及其他规范性文件。

《行政协议案件规定》

第二十七条 人民法院审理行政协议案件,应当适用行政诉讼法的规定;行政诉讼法没有规定的,参照适用民事诉讼法的规定。

人民法院审理行政协议案件,可以参照适用民事法律规范关于民事合同的相关规定。[2020年回忆~行政协议诉讼时效的确定]

《最高人民法院关于审理行政案件适用法律规范问题的座谈会纪要》(节录)

现行有效的行政法规有以下三种类型:一是国务院制定并公布的行政法规;二是立法法施行以前,按照当时有效的行政法规制定程序,经国务院批准、由国务院部门公布的行政法规。但在立法法施行以后,经国务院批准、由国务院部门公布的规范性文件,不再属于行政法规;三是在清理行政法规时由国务院确认的其他行政法规。

行政审判实践中,经常涉及有关部门为指导法律执行或者实施行政措施而作出的具体应用解释和制定的其他规范性文件,主要是:国务院部门以及省、市、自治区和较大的市的人民政府或其主管部门对具体应用法律、法规或规章作出的解释;县级以上人民政府及其主管部门制定发布的具有普遍约束力的决定、命令或其他规范性文件。行政机关往往将这些具体应用解释和其他规范性文件作为具体行政行为的直接依据。这些具体应用解释和规范性文件不是正式的法律渊源,对人民法院不具有法律规范意义上的约束力。但是,人民法院经审查认为被诉具体行政行为依据的具体应用解释和其他规范性文件合法、有效并合理、适当的,在认定被诉具体行政行为合法性时应承认其效力;人民法院可以在裁判理由中对具体应用解释和其他规范性文件是否合法、有效、合理或适当进行评述。

专题十九 行政案件审理中的特殊制度

考点47 规范性文件的附带审查

1 第五十三条 [其他规范性文件的附带审查]公民、法人或者其他组织认为行政行为所依据的国务院部门和地方人民政府及其部门制定的规范性文件不合法,在对行政行为提起诉讼时,可以一并请求对该规范性文件进行审查。

前款规定的规范性文件不含规章。[2016年真题~行政诉讼程序]

《行政诉讼法解释》

第一百四十五条 公民、法人或者其他组织在对行政行为提起诉讼时一并请求对所依据的规范性文件审查的,由行政行为案件管辖法院一并审查。

第一百四十六条 公民、法人或者其他组织请求人民法院一并审查行政诉讼法第五十三条规定的规范性文件,应当在第一审开庭审理前提出;有正当理由的,也可以在法庭调查中提出。

2 第六十四条 [规范性文件审查和处理方式]人民法院在审理行政案件中,经审查认为本法第五十三条规定的规范性文件不合法的,不作为认定行政行为合法的依据,并向制定机关提出处理建议。

《行政诉讼法解释》

第一百四十七条 人民法院在对规范性文件审查过程中,发现规范性文件可能不合法的,应当听取规范性文件制定机关的意见。

制定机关申请出庭陈述意见的,人民法院应当准许。

行政机关未陈述意见或者未提供相关证明材料的,不能阻止人民法院对规范性文件进行审查。

第一百四十八条 人民法院对规范性文件进行一并审查时,可以从规范性文件制定机关是否超越权限或者违反法定程序、作出行政行为所依据的条款以及相关条款等方面进行。

有下列情形之一的,属于行政诉讼法第六十四条规定的"规范性文件不合法":
(一)超越制定机关的法定职权或者超越法律、法规、规章的授权范围的;
(二)与法律、法规、规章等上位法的规定相抵触的;
(三)没有法律、法规、规章依据,违法增加公民、法人和其他组织义务或者减损公民、法人和其他组织合法权益的;

（四）未履行法定批准程序、公开发布程序，严重违反制定程序的；

（五）其他违反法律、法规以及规章规定的情形。

第一百四十九条 人民法院经审查认为行政行为所依据的规范性文件合法的，应当作为认定行政行为合法的依据；经审查认为规范性文件不合法的，不作为人民法院认定行政行为合法的依据，并在裁判理由中予以阐明。作出生效裁判的人民法院应当向规范性文件的制定机关提出处理建议，并可以抄送制定机关的同级人民政府、上一级行政机关、监察机关以及规范性文件的备案机关。

规范性文件不合法的，人民法院可以在裁判生效之日起三个月内，向规范性文件制定机关提出修改或者废止该规范性文件的司法建议。

规范性文件由多个部门联合制定的，人民法院可以向该规范性文件的主办机关或者共同上一级行政机关发送司法建议。

接收司法建议的行政机关应当在收到司法建议之日起六十日内予以书面答复。情况紧急的，人民法院可以建议制定机关或者其上一级行政机关立即停止执行该规范性文件。[2016年真题~行政诉讼程序]

第一百五十条 人民法院认为规范性文件不合法的，应当在裁判生效后报送上一级人民法院进行备案。涉及国务院部门、省级行政机关制定的规范性文件，司法建议还应当分别层报最高人民法院、高级人民法院备案。

第一百五十一条 各级人民法院院长对本院已经发生法律效力的判决、裁定，发现规范性文件合法性认定错误，认为需要再审的，应当提交审判委员会讨论。

最高人民法院对地方各级人民法院已经发生法律效力的判决、裁定，上级人民法院对下级人民法院已经发生法律效力的判决、裁定，发现规范性文件合法性认定错误的，有权提审或者指令下级人民法院再审。

考点48 先予执行

第五十七条 [先予执行]人民法院对起诉行政机关没有依法支付抚恤金、最低生活保障金和工伤、医疗社会保险金的案件，权利义务关系明确、不先予执行将严重影响原告生活的，可以根据原告的申请，裁定先予执行。

当事人对先予执行裁定不服的，可以申请复议一次。复议期间不停止裁定的执行。

《行政诉讼法解释》

第一百一十八条 按照审判监督程序决定再审的案件，裁定中止原判决、裁定、调解书的执行，但支付抚恤金、最低生活保障费或者社会保险待遇的案件，可以不中止执行。

上级人民法院决定提审或者指令下级人民法院再审的，应当作出裁定，裁定应当写明中止原判决的执行；情况紧急的，可以将中止执行的裁定口头通知负责执行的人民法院或者作出生效判决、裁定的人民法院，但应当在口头通知后十日内发出裁定书。

考点49 被告改变被诉行政行为的处理与撤诉制度

第六十二条 [撤诉制度]人民法院对行政案件宣告判决或者裁定前，原告申请撤诉的，或者被告改变其所作的行政行为，原告同意并申请撤诉的，是否准许，由人民法院裁定。

《行政诉讼法解释》

第六十条 人民法院裁定准许原告撤诉后，原告以同一事实和理由重新起诉的，人民法院不予立案。

准予撤诉的裁定确有错误，原告申请再审的，人民法院应当通过审判监督程序撤销原准予撤诉的裁定，重新对案件进行审理。

第六十一条 原告或者上诉人未按规定的期限预交案件受理费，又不提出缓交、减交、免交申请，或者提出申请未获批准的，按自动撤诉处理。在按撤诉处理后，原告或者上诉人在法定期限内再次起诉或者上诉，并依法解决诉讼费预交问题的，人民法院应予立案。

第八十条 原告或者上诉人在庭审中明确拒绝陈述或者以其他方式拒绝陈述，导致庭审无法进行，经法庭释明法律后果后仍不陈述意见的，视为放弃陈述权利，由其承担不利的法律后果。

当事人申请撤诉或者依法可以按撤诉处理的案件，当事人有违反法律的行为需要依法处理的，人民法院可以不准许撤诉或者不按撤诉处理。

法庭辩论终结后原告申请撤诉，人民法院可以准许，但涉及到国家利益和社会公共利益的除外。

第八十一条 被告在一审期间改变被诉行政行为的，应当书面告知人民法院。

原告或者第三人对改变后的行政行为不服提起诉讼的，人民法院应当就改变后的行政行为进行审理。

被告改变原违法行政行为，原告仍要求确认原行政行为违法的，人民法院应当依法作出确认判决。

原告起诉被告不作为，在诉讼中被告作出行政行为，原告不撤诉的，人民法院应当就不作为依法作出确认判决。

第一百四十三条 行政诉讼原告在宣判前申请撤诉的，是否准许由人民法院裁定。人民法院裁定准许行政诉讼原告撤诉，但其已经提起的一并审理相关民事争议不撤诉的，人民法院应当继续审理。

《行政诉讼撤诉规定》

第一条 人民法院经审查认为被诉具体行政行为违法或者不当，可以在宣告判决或者裁定前，建议被告改变其所作的具体行政行为。

第二条 被告改变被诉具体行政行为，原告申请撤诉，符合下列条件的，人民法院应当裁定准许：

（一）申请撤诉是当事人真实意思表示；

（二）被告改变被诉具体行政行为，不违反法律、法规的禁止性规定，不超越或者放弃职权，不损害公共利益和他人合法权益；

（三）被告已经改变或者决定改变被诉具体行政行为，并书面告知人民法院；

（四）第三人无异议。

第三条 有下列情形之一的,属于行政诉讼法第五十一条(现第六十二条)规定的"被告改变其所作的具体行政行为":

(一)改变被诉具体行政行为所认定的主要事实和证据;

(二)改变被诉具体行政行为所适用的规范依据且对定性产生影响;

(三)撤销、部分撤销或者变更被诉具体行政行为处理结果。[2019年回忆~行政诉讼程序;撤诉的条件]

第四条 有下列情形之一的,可以视为"被告改变其所作的具体行政行为":

(一)根据原告的请求依法履行法定职责;

(二)采取相应的补救、补偿等措施;

(三)在行政裁决案件中,书面认可原告与第三人达成的和解。

第五条 被告改变被诉具体行政行为,原告申请撤诉,有履行内容且履行完毕的,人民法院可以裁定准许撤诉;不能即时或者一次性履行的,人民法院可以裁定准许撤诉,也可以裁定中止审理。

第七条 申请撤诉不符合法定条件,或者被告改变被诉具体行政行为后当事人不撤诉的,人民法院应当及时作出裁判。

第八条 第二审或者再审期间行政机关改变被诉具体行政行为,当事人申请撤回上诉或者再审申请的,参照本规定。

准许撤回上诉或者再审申请的裁定可以载明行政机关改变被诉具体行政行为的主要内容及履行情况,并可以根据案件具体情况,在裁定理由中明确被诉具体行政行为或者原裁判全部或者部分不再执行。[2019年回忆~行政诉讼程序;撤诉的条件]

考点50 行政机关负责人出庭应诉

第三条第三款 [行政机关负责人出庭应诉]被诉行政机关负责人应当出庭应诉。不能出庭的,应当委托行政机关相应的工作人员出庭。

《行政诉讼法解释》

第一百二十八条 行政诉讼法第三条第三款规定的行政机关负责人,包括行政机关的正职、副职负责人以及其他参与分管的负责人。

行政机关负责人出庭应诉的,可以另行委托一至二名诉讼代理人。行政机关负责人不能出庭的,应当委托行政机关相应的工作人员出庭,不得仅委托律师出庭。

第一百二十九条 涉及重大公共利益、社会高度关注或者可能引发群体性事件等案件以及人民法院书面建议行政机关负责人出庭的案件,被诉行政机关负责人应当出庭。

被诉行政机关负责人出庭应诉的,应当在当事人及其诉讼代理人基本情况、案件由来部分予以列明。

行政机关负责人有正当理由不能出庭应诉的,应当向人民法院提交情况说明,并加盖行政机关印章或者由该机关主要负责人签字认可。

行政机关拒绝说明理由的,不发生阻止案件审理的效果,人民法院可以向监察机关、上一级行政机关提出司法建议。

第一百三十条 行政诉讼法第三条第三款规定的"行政机关相应的工作人员",包括该行政机关具有国家行政编制身份的工作人员以及其他依法履行公职的人员。

被诉行政行为是地方人民政府作出的,地方人民政府法制工作机构的工作人员,以及被诉行政行为具体承办机关工作人员,可以视为被诉人民政府相应的工作人员。

第一百三十一条 行政机关负责人出庭应诉的,应当向人民法院提交能够证明该行政机关负责人职务的材料。

行政机关委托相应的工作人员出庭应诉的,应当向人民法院提交加盖行政机关印章的授权委托书,并载明工作人员的姓名、职务和代理权限。

第一百三十二条 行政机关负责人和行政机关相应的工作人员均不出庭,仅委托律师出庭的或者人民法院书面建议行政机关负责人出庭应诉,行政机关负责人不出庭应诉的,人民法院应当记录在案和在裁判文书中载明,并可以建议有关机关依法作出处理。

《行政机关负责人出庭应诉规定》

第一条 行政诉讼法第三条第三款规定的被诉行政机关负责人应当出庭应诉,是指被诉行政机关负责人依法应当在第一审、第二审、再审等诉讼程序中出庭参加诉讼,行使诉讼权利,履行诉讼义务。

法律、法规、规章授权独立行使行政职权的行政机关内设机构、派出机构或者其他组织的负责人出庭应诉,适用本规定。

应当追加为被告而原告不同意追加,人民法院通知以第三人身份参加诉讼的行政机关,其负责人出庭应诉活动参照前款规定。

第二条 行政诉讼法第三条第三款规定的被诉行政机关负责人,包括行政机关的正职、副职负责人、参与分管被诉行政行为实施工作的副职级别的负责人以及其他参与分管的负责人。

被诉行政机关委托的组织或者下级行政机关的负责人,不能作为被诉行政机关负责人出庭。

第三条 有共同被告的行政案件,可以由共同被告协商确定行政机关负责人出庭应诉;也可以由人民法院确定。

第四条 对于涉及食品药品安全、生态环境和资源保护、公共卫生安全等重大公共利益,社会高度关注或者可能引发群体性事件等的案件,人民法院应当通知行政机关负责人出庭应诉。

有下列情形之一,需要行政机关负责人出庭的,人民法院可以通知行政机关负责人出庭应诉:

(一)被诉行政行为涉及公民、法人或者其他组织重大人身、财产权益的;

(二)行政公益诉讼;

(三)被诉行政机关的上级机关规范性文件要求行政机关负责人出庭应诉的;

(四)人民法院认为需要通知行政机关负责人出庭应诉的其他情形。

第六条 行政机关负责人出庭应诉的,应当于开庭前向人民法院提交出庭应诉负责人的身份证明。身份证明应当载明该负责人的姓名、职务等基本信息,并加盖行政机关印章。

人民法院应当对出庭应诉负责人的身份证明进行审查,经审查认为不符合条件,可以补正的,应当告知行政机关予以补正;不能补正或者补正可能影响正常开庭的,视为行政机关负责人未出庭应诉。

第七条 对于同一审级需要多次开庭的同一案件,行政机关负责人到庭参加一次庭审,一般可以认定其已经履行出庭应诉义务,但人民法院通知行政机关负责人再次出庭的除外。

行政机关负责人在一个审理程序中出庭应诉,不免除其在其他审理程序出庭应诉的义务。

第八条 有下列情形之一的,属于行政诉讼法第三条第三款规定的行政机关负责人不能出庭的情形:

(一)不可抗力;
(二)意外事件;
(三)需要履行他人不能代替的公务;
(四)无法出庭的其他正当事由。

第九条 行政机关负责人有正当理由不能出庭的,应当提交相关证明材料,并加盖行政机关印章或者由该机关主要负责人签字认可。

人民法院应当对行政机关负责人不能出庭的理由以及证明材料进行审查。

行政机关负责人有正当理由不能出庭,行政机关申请延期开庭审理的,人民法院可以准许;人民法院也可以依职权决定延期开庭审理。

第十条 行政诉讼法第三条第三款规定的相应的工作人员,是指被诉行政机关中具体行使行政职权的工作人员。

行政机关委托行使行政职权的组织或者下级行政机关的工作人员,可以视为行政机关相应的工作人员。

人民法院应当参照本规定第六条第二款的规定,对行政机关相应的工作人员的身份证明进行审查。〔2018年回忆~行政机关负责人出庭制度〕

第十二条 有下列情形之一的,人民法院应当向监察机关、被诉行政机关的上一级行政机关提出司法建议:

(一)行政机关负责人未出庭应诉,且未说明理由或者理由不成立的;

(二)行政机关有正当理由申请延期开庭审理,人民法院准许后再次开庭审理时行政机关负责人仍未能出庭应诉,且无正当理由的;

(三)行政机关负责人和行政机关相应的工作人员均不出庭应诉的;

(四)行政机关负责人未经法庭许可中途退庭的;

(五)人民法院在庭审中要求行政机关负责人就有关问题进行解释或者说明,行政机关负责人拒绝解释或者说明,导致庭审无法进行的。

有前款情形之一的,人民法院应当记录在案并在裁判文书中载明。

第十三条 当事人对行政机关具有本规定第十二条第一款情形提出异议的,人民法院可以在庭审笔录中载明,不影响案件的正常审理。

原告以行政机关具有本规定第十二条第一款情形为由拒不到庭、未经法庭许可中途退庭的,人民法院可以按照撤诉处理。

原告以行政机关具有本规定第十二条第一款情形为由在庭审中明确拒绝陈述或者以其他方式拒绝陈述,导致庭审无法进行,经法庭释明法律后果后仍不陈述意见的,人民法院可以视为放弃陈述权利,由其承担相应的法律后果。

考点51 行政公益诉讼

第二十五条第四款 [原告资格]人民检察院在履行职责中发现生态环境和资源保护、食品药品安全、国有财产保护、国有土地使用权出让等领域负有监督管理职责的行政机关违法行使职权或者不作为,致使国家利益或者社会公共利益受到侵害的,应当向行政机关提出检察建议,督促其依法履行职责。行政机关不依法履行职责的,人民检察院依法向人民法院提起诉讼。〔2015年真题~行政诉讼当事人;2011年真题~原告的确定〕

《检察公益诉讼解释》

第五条第二款 基层人民检察院提起的第一审行政公益诉讼案件,由被诉行政机关所在地基层人民法院管辖。

第六条 人民检察院办理公益诉讼案件,可以向有关行政机关以及其他组织、公民调查收集证据材料;有关行政机关以及其他组织、公民应当配合;需要采取证据保全措施的,依照民事诉讼法、行政诉讼法相关规定办理。

第八条 人民法院开庭审理人民检察院提起的公益诉讼案件,应当在开庭三日前向人民检察院送达出庭通知书。

人民检察院应当派员出庭,并应当自收到人民法院出庭通知书之日起三日内向人民法院提交派员出庭通知书。派员出庭通知书应当写明出庭人员的姓名、法律职务以及出庭履行的具体职责。

第十条 人民检察院不服人民法院第一审判决、裁定的,可以向上一级人民法院提起上诉。

第二十一条 人民检察院在履行职责中发现生态环境和资源保护、食品药品安全、国有财产保护、国有土地使用权出让等领域负有监督管理职责的行政机关违法行使职权或者不作为,致使国家利益或者社会公共利益受到侵害的,应当向行政机关提出检察建议,督促其依法履行职责。

行政机关应当在收到检察建议书之日起两个月内依法履行职责,并书面回复人民检察院。出现国家利益或者社会公共利益损害继续扩大等紧急情形的,行政机关应当在十五日内书面回复。

行政机关不依法履行职责的,人民检察院依法向人民法院提起诉讼。

专题二十　行政诉讼的裁判与执行

考点52 行政诉讼第一审判决

1 第六十九条　[驳回原告诉讼请求判决]行政行为证据确凿,适用法律、法规正确,符合法定程序的,或者原告申请被告履行法定职责或者给付义务理由不成立的,人民法院判决驳回原告的诉讼请求。

《行政许可案件规定》

第八条第二款　第三人提供或者人民法院调取的证据能够证明行政许可行为合法的,人民法院应当判决驳回原告的诉讼请求。

《行政协议案件规定》

第十六条第一款　在履行行政协议过程中,可能出现严重损害国家利益、社会公共利益的情形,被告作出变更、解除协议的行政行为后,原告请求撤销该行为,人民法院经审理认为该行为合法的,判决驳回原告诉讼请求;给原告造成损失的,判决被告予以补偿。

2 第七十条　[撤销判决和重新作出判决]行政行为有下列情形之一的,人民法院判决撤销或者部分撤销,并可以判决被告重新作出行政行为:

(一)主要证据不足的;

(二)适用法律、法规错误的;

(三)违反法定程序的;

(四)超越职权的;

(五)滥用职权的;

(六)明显不当的。[2022年回忆~撤销判决和重新作出判决]

第七十一条　[重新作出判决对被告的限制]人民法院判决被告重新作出行政行为的,被告不得以同一的事实和理由作出与原行政行为基本相同的行政行为。

《行政诉讼法解释》

第八十九条　复议决定改变原行政行为错误,人民法院判决撤销复议决定时,可以一并责令复议机关重新作出复议决定或者判决恢复原行政行为的法律效力。

第九十条　人民法院判决被告重新作出行政行为,被告重新作出的行政行为与原行政行为的结果相同,但主要事实或者主要理由有改变的,不属于行政诉讼法第七十一条规定的情形。

人民法院以违反法定程序为由,判决撤销被诉行政行为的,行政机关重新作出行政行为不受行政诉讼法第七十一条规定的限制。

行政机关以同一事实和理由重新作出与原行政行为基本相同的行政行为,人民法院应当根据行政诉讼法第七十条、第七十一条的规定判决撤销或者部分撤销,并根据行政诉讼法第九十六条的规定处理。

《行政许可案件规定》

第十一条　人民法院审理不予行政许可决定案件,认为原告请求准予许可的理由成立,且被告没有裁量余地的,可以在判决理由写明,并判决撤销不予许可决定,责令被告重新作出决定。

《行政协议案件规定》

第十四条　原告认为行政协议存在胁迫、欺诈、重大误解、显失公平等情形而请求撤销,人民法院经审理认为符合法律规定可撤销情形的,可以依法判决撤销该协议。

第十五条　行政协议无效、被撤销或者确定不发生效力后,当事人因行政协议取得的财产,人民法院应当判决予以返还;不能返还的,判决折价补偿。

因被告的原因导致行政协议被确认无效或者被撤销,可以同时判决责令被告采取补救措施;给原告造成损失的,人民法院应当判决被告予以赔偿。

第十六条第二款　被告变更、解除行政协议的行政行为存在行政诉讼法第七十条规定情形的,人民法院判决撤销或者部分撤销,并可以责令被告重新作出行政行为。

《政府信息公开行政案件规定》

第九条第一款　被告对依法应当公开的政府信息拒绝或部分拒绝公开的,人民法院应当撤销或者部分撤销被诉不予公开决定,并判决被告在一定期限内公开。尚需被告调查、裁量的,判决其在一定期限内重新答复。[2012年真题~政府信息公开行政诉讼]

3 第七十二条　[履行判决]人民法院经过审理,查明被告不履行法定职责的,判决被告在一定期限内履行。

《行政诉讼法解释》

第九十一条　原告请求被告履行法定职责的理由成立,被告违法拒绝履行或者无正当理由逾期不予答复的,人民法院可以根据行政诉讼法第七十二条的规定,判决被告在一定期限内依法履行原告请求的法定职责;尚需被告调查或者裁量的,应当判决被告针对原告的请求重新作出处理。[2021年回忆~行政诉讼履行判决]

《行政许可案件规定》

第十二条　被告无正当理由拒绝原告查阅行政许可决定及有关档案材料或者监督检查记录的,人民法院可以判决被告在法定或者合理期限内准予原告查阅。

《行政协议案件规定》

第十六条第三款　被告变更、解除行政协议的行政行为违法,人民法院可以依据行政诉讼法第七十八条的规定判决被告继续履行协议、采取补救措施;给原告造成损失的,判决被告予以赔偿。

《政府信息公开行政案件规定》

第九条第二至四款　被告提供的政府信息不符合申请人要求的内容或者法律、法规规定的适当形式的,人民法院应当判决被告按照申请人要求的内容或者法律、法规规定的适当形式提供。

人民法院经审理认为被告不予公开的政府信息内容可以作区分处理的,应当判决被告限期公开可以公开的内容。

被告依法应当更正而不更正与原告相关的政府信息记录的,人民法院应当判决被告在一定期限内更正。尚需被告调查、裁量的,判决其在一定期限内重新答复。被告无权更正的,判决其转送有权更正的行政机关处理。[2012年真题~政府信息公开行政诉讼]

行政法与行政诉讼法[考点法条]　·83·

❹ **第七十三条** [给付判决]人民法院经过审理,查明被告依法负有给付义务的,判决被告履行给付义务。

《行政诉讼法解释》

第九十二条 原告申请被告依法履行支付抚恤金、最低生活保障待遇或者社会保险待遇等给付义务的理由成立,被告依法负有给付义务而拒绝或者拖延履行义务的,人民法院可以根据行政诉讼法第七十三条的规定,判决被告在一定期限内履行相应的给付义务。

第九十三条 原告请求被告履行法定职责或者依法履行支付抚恤金、最低生活保障待遇或者社会保险待遇等给付义务,原告未先向行政机关提出申请的,人民法院裁定驳回起诉。

人民法院经审理认为原告所请求履行的法定职责或者给付义务明显不属于行政机关职权限范围的,可以裁定驳回起诉。

❺ **第七十四条** [确认违法判决]行政行为有下列情形之一的,人民法院判决确认违法,但不撤销行政行为:

(一)行政行为依法应当撤销,但撤销会给国家利益、社会公共利益造成重大损害的;

(二)行政行为程序轻微违法,但对原告权利不产生实际影响的。

行政行为有下列情形之一,不需要撤销或者判决履行的,人民法院判决确认违法:

(一)行政行为违法,但不具有可撤销内容的;

(二)被告改变原违法行政行为,原告仍要求确认原行政行为违法的;

(三)被告不履行或者拖延履行法定职责,判决履行没有意义的。〔2022年回忆~确认违法判决〕

《行政诉讼法解释》

第八十一条 被告在一审期间改变被诉行政行为的,应当书面告知人民法院。

原告或者第三人对改变后的行政行为不服提起诉讼的,人民法院应当就改变后的行政行为进行审理。

被告改变原违法行政行为,原告仍要求确认原行政行为违法的,人民法院应当依法作出确认判决。

原告起诉被告不作为,在诉讼中被告作出行政行为,原告不撤诉的,人民法院应当就不作为依法作出确认判决。

第九十六条 有下列情形之一,且对原告依法享有的听证、陈述、申辩等重要程序性权利不产生实质损害的,属于行政诉讼法第七十四条第一款第二项规定的"程序轻微违法":

(一)处理期限轻微违法的;

(二)通知、送达等程序轻微违法的;

(三)其他程序轻微违法的情形。

《行政许可案件规定》

第十条 被诉准予行政许可决定违反当时的法律规范但符合新的法律规范的,判决确认该决定违法;准予行政许可决定不损害公共利益和利害关系人合法权益的,判决驳回原告的诉讼请求。

❻ **第七十五条** [确认无效判决]行政行为有实施主体不具有行政主体资格或者没有依据等重大且明显违法情形,原告申请确认行政行为无效的,人民法院判决确认无效。

第七十六条 [确认违法和无效判决的补充规定]人民法院判决确认违法或者无效的,可以同时判决责令被告采取补救措施;给原告造成损失的,依法判决被告承担赔偿责任。

《行政诉讼法解释》

第九十四条 公民、法人或者其他组织起诉请求撤销行政行为,人民法院经审查认为行政行为无效的,应当作出确认无效的判决。

公民、法人或者其他组织起诉请求确认行政行为无效,人民法院审查认为行政行为不属于无效情形,经释明,原告请求撤销行政行为的,应当继续审理并依法作出相应判决;原告请求撤销行政行为但超过法定起诉期限的,裁定驳回起诉;原告拒绝变更诉讼请求的,判决驳回其诉讼请求。

第九十五条 人民法院经审理认为被诉行政行为违法或者无效,可能给原告造成损失,经释明,原告请求一并解决行政赔偿争议的,人民法院可以就赔偿事项进行调解;调解不成的,应当一并判决。人民法院也可以告知其就赔偿事项另行提起诉讼。

第九十九条 有下列情形之一的,属于行政诉讼法第七十五条规定的"重大且明显违法":

(一)行政行为实施主体不具有行政主体资格;

(二)减损权利或者增加义务的行政行为没有法律规范依据;

(三)行政行为的内容客观上不可能实施;

(四)其他重大且明显违法的情形。

第一百三十六条第六款 原行政行为被撤销、确认违法或者无效,给原告造成损失的,应当由作出原行政行为的行政机关承担赔偿责任;因复议决定加重损害的,由复议机关对加重部分承担赔偿责任。

《行政协议案件规定》

第十二条 行政协议存在行政诉讼法第七十五条规定的重大且明显违法情形的,人民法院应当确认行政协议无效。

人民法院可以适用民事法律规范确认行政协议无效。

行政协议无效的原因在一审法庭辩论终结前消除的,人民法院可以确认行政协议有效。

第十三条 法律、行政法规规定应当经过其他机关批准等程序后生效的行政协议,在一审法庭辩论终结前未获得批准的,人民法院应当确认该协议未生效。

行政协议约定被告负有履行批准程序等义务而被告未履行,原告要求被告承担赔偿责任的,人民法院应予支持。

第十五条 行政协议无效、被撤销或者确定不发生效力后,当事人因行政协议取得的财产,人民法院应当判决予以返还;不能返还的,判决折价补偿。

因被告的原因导致行政协议被确认无效或者被撤

销,可以同时判决责令被告采取补救措施;给原告造成损失的,人民法院应当判决被告予以赔偿。

7 第七十七条 [变更判决]行政处罚明显不当,或者其他行政行为涉及对款额的确定、认定确有错误的,人民法院可以判决变更。

人民法院判决变更,不得加重原告的义务或者减损原告的权益。但利害关系人同为原告,且诉讼请求相反的除外。

8 第七十八条 [行政协议案件被告违约责任判决]被告不依法履行、未按照约定履行或者违法变更、解除本法第十二条第一款第十一项规定的协议的,人民法院判决被告承担继续履行、采取补救措施或者赔偿损失等责任。

被告变更、解除本法第十二条第一款第十一项规定的协议合法,但未依法给予补偿的,人民法院判决给予补偿。

《行政协议案件的规定》

第十九条 被告未依法履行、未按照约定履行行政协议,人民法院可以依据行政诉讼法第七十八条的规定,结合原告诉讼请求,判决被告继续履行,并明确继续履行的具体内容;被告无法履行或者继续履行无实际意义的,人民法院可以判决被告采取相应的补救措施;给原告造成损失的,判决被告予以赔偿。

原告要求按照约定的违约金条款或者定金条款予以赔偿的,人民法院应予支持。

第二十条 被告明确表示或者以自己的行为表明不履行行政协议,原告在履行期限届满之前向人民法院起诉请求其承担违约责任的,人民法院应予支持。

第二十一条 被告或者其他行政机关因国家利益、社会公共利益的需要依法行使行政职权,导致原告履行不能、履行费用明显增加或者遭受损失,原告请求判令被告给予补偿的,人民法院应予支持。

第二十二条 原告以被告违约为由请求人民法院判令其承担违约责任,人民法院经审理认为行政协议无效的,应当向原告释明,并根据原告变更后的诉讼请求判决确认行政协议无效;因被告的行为造成行政协议无效的,人民法院可以依法判决被告承担赔偿责任。原告经释明后拒绝变更诉讼请求的,人民法院可以判决驳回其诉讼请求。

9 第七十九条 [复议维持决定和原行政行为一并裁判]复议机关与作出原行政行为的行政机关为共同被告的案件,人民法院应当对复议决定和原行政行为一并作出裁判。〔2015年真题~行政诉讼一审判决〕

《行政诉讼法解释》

第一百三十六条 人民法院对原行政行为作出判决的同时,应当对复议决定一并作出相应判决。

人民法院依职权追加作出原行政行为的行政机关或者复议机关为共同被告的,对原行政行为或者复议决定可以作出相应判决。

人民法院判决撤销原行政行为和复议决定的,可以判决作出原行政行为的行政机关重新作出行政行为。

人民法院判决作出原行政行为的行政机关履行法定职责或者给付义务的,应当同时判决撤销复议决定。

原行政行为合法、复议决定违法的,人民法院可以判决撤销复议决定或者确认复议决定违法,同时判决驳回原告针对原行政行为的诉讼请求。

原行政行为被撤销、确认违法或者无效,给原告造成损失的,应当由作出原行政行为的行政机关承担赔偿责任;因复议决定加重损害的,由复议机关对加重部分承担赔偿责任。

原行政行为不符合复议或者诉讼受案范围等受理条件,复议机关作出维持决定的,人民法院应当裁定一并驳回对原行政行为和复议决定的起诉。〔2022年回忆~复议机关作被告时人民法院判决〕

10 第八十条 [公开宣判]人民法院对公开审理和不公开审理的案件,一律公开宣告判决。

当庭宣判的,应当在十日内发送判决书;定期宣判的,宣判后立即发给判决书。

宣告判决时,必须告知当事人上诉权利、上诉期限和上诉的人民法院。〔2015年真题~行政诉讼一审判决〕

考点53 行政诉讼第二审判决

第八十九条 [二审的裁判]人民法院审理上诉案件,按照下列情形,分别处理:

(一)原判决、裁定认定事实清楚,适用法律、法规正确的,判决或者裁定驳回上诉,维持原判决、裁定;

(二)原判决、裁定认定事实错误或者适用法律、法规错误的,依法改判、撤销或者变更;

(三)原判决认定基本事实不清、证据不足的,发回原审人民法院重审,或者查清事实后改判;

(四)原判决遗漏当事人或者违法缺席判决等严重违反法定程序的,裁定撤销原判决,发回原审人民法院重审。

原审人民法院对发回重审的案件作出判决后,当事人提起上诉的,第二审人民法院不得再次发回重审。

人民法院审理上诉案件,需要改变原审判决的,应当同时对被诉行政行为作出判决。

《行政诉讼法解释》

第一百零九条 第二审人民法院经审理认为原审人民法院不予立案或者驳回起诉的裁定确有错误且当事人的起诉符合起诉条件的,应当裁定撤销原审人民法院的裁定,指令原审人民法院依法立案或者继续审理。

第二审人民法院裁定发回原审人民法院重新审理的行政案件,原审人民法院应当另行组成合议庭进行审理。

原审判决遗漏了必须参加诉讼的当事人或者诉讼请求的,第二审人民法院应当裁定撤销原审判决,发回重审。

原审判决遗漏行政赔偿请求,第二审人民法院经审查认为依法不应当予以赔偿的,应当判决驳回行政赔偿请求。

原审判决遗漏行政赔偿请求,第二审人民法院经审理认为依法应当予以赔偿的,在确认被诉行政行为违法的同时,可以就行政赔偿问题进行调解;调解不成的,应当就行政赔偿部分发回重审。

当事人在第二审期间提出行政赔偿请求的,第二审人民法院可以进行调解;调解不成的,应当告知当事人另行起诉。〔2019年回忆~二审法院的裁判〕

考点54 行政诉讼裁判的执行

(一)对相对人的执行措施

第九十五条 [对相对人拒绝履行的执行措施]公民、法人或者其他组织拒绝履行判决、裁定、调解书的,行政机关或者第三人可以向第一审人民法院申请强制执行,或者由行政机关依法强制执行。

《行政诉讼法解释》

第一百五十三条 申请执行的期限为二年。申请执行时效的中止、中断,适用法律有关规定。

申请执行的期限从法律文书规定的履行期间最后一日起计算;法律文书规定分期履行的,从规定的每次履行期间的最后一日起计算;法律文书中没有规定履行期限的,从该法律文书送达当事人之日起计算。

逾期申请的,除有正当理由外,人民法院不予受理。

第一百五十四条 发生法律效力的行政判决书、行政裁定书、行政赔偿判决书和行政调解书,由第一审人民法院执行。

第一审人民法院认为情况特殊,需要由第二审人民法院执行的,可以报请第二审人民法院执行;第二审人民法院可以决定由其执行,也可以决定由第一审人民法院执行。

《行政协议案件的规定》

第二十四条 公民、法人或者其他组织未按照行政协议约定履行义务,经催告后不履行,行政机关可以作出要求其履行协议的书面决定。公民、法人或者其他组织收到书面决定后在法定期限内未申请行政复议或者提起行政诉讼,且仍不履行,协议内容具有可执行性的,行政机关可以向人民法院申请强制执行。

法律、行政法规规定行政机关对行政协议享有监督协议履行的职权,公民、法人或者其他组织未按照约定履行义务,经催告后不履行,行政机关可以依法作出处理决定。公民、法人或者其他组织在收到该处理决定后在法定期限内未申请行政复议或者提起行政诉讼,且仍不履行,协议内容具有可执行性的,行政机关可以向人民法院申请强制执行。

(二)对行政机关的执行措施

第九十六条 [对行政机关拒绝履行的执行措施]行政机关拒绝履行判决、裁定、调解书的,第一审人民法院可以采取下列措施:

(一)对应当归还的罚款或者应当给付的款额,通知银行从该行政机关的账户内划拨;

(二)在规定期限内不履行的,从期满之日起,对该行政机关负责人按日处五十元至一百元的罚款;

(三)将行政机关拒绝履行的情况予以公告;

(四)向监察机关或者该行政机关的上一级行政机关提出司法建议。接受司法建议的机关,根据有关规定进行处理,并将处理情况告知人民法院;

(五)拒不履行判决、裁定、调解书,社会影响恶劣的,可以对该行政机关直接负责的主管人员和其他直接责任人员予以拘留;情节严重,构成犯罪的,依法追究刑事责任。

《行政诉讼法解释》

第一百五十二条 对发生法律效力的行政判决书、行政裁定书、行政赔偿判决书和行政调解书,负有义务的一方当事人拒绝履行的,对方当事人可以依法申请人民法院强制执行。

人民法院判决行政机关履行行政赔偿、行政补偿或者其他行政给付义务,行政机关拒不履行的,对方当事人可以依法向法院申请强制执行。

专题二十二 行政赔偿

考点56 行政赔偿义务机关及赔偿程序

(一)行政赔偿义务机关

1 第七条 [赔偿义务机关的确认]行政机关及其工作人员行使行政职权侵犯公民、法人和其他组织的合法权益造成损害的,该行政机关为赔偿义务机关。

两个以上行政机关共同行使行政职权时侵犯公民、法人和其他组织的合法权益造成损害的,共同行使行政职权的行政机关为共同赔偿义务机关。

法律、法规授权的组织在行使授予的行政权力时侵犯公民、法人和其他组织的合法权益造成损害的,被授权的组织为赔偿义务机关。

受行政机关委托的组织或者个人在行使受委托的行政权力时侵犯公民、法人和其他组织的合法权益造成损害的,委托的行政机关为赔偿义务机关。

赔偿义务机关被撤销的,继续行使其职权的行政机关为赔偿义务机关;没有继续行使其职权的行政机关的,撤销该赔偿义务机关的行政机关为赔偿义务机关。

《行政赔偿规定》

第八条 两个以上行政机关共同实施侵权行政行为造成损害的,共同侵权行政机关为共同被告。赔偿请求人坚持对其中一个或者几个侵权机关提起行政赔偿诉讼,以被起诉的机关为被告,未被起诉的机关追加为第三人。

第十条 行政机关依据行政诉讼法第九十七条的规定申请人民法院强制执行其行政行为,因据以强制执行的行政行为违法而发生行政赔偿诉讼的,申请强制执行的行政机关为被告。

2 第八条 [经过行政复议的赔偿责任]经复议机关复议的,最初造成侵权行为的行政机关为赔偿义务机关,但复议机关的复议决定加重损害的,复议机关对加重的部分履行赔偿义务。

《行政赔偿规定》

第九条 原行政行为造成赔偿请求人损害,复议决定加重损害的,复议机关与原行政行为机关为共同被告。赔偿请求人坚持对作出原行政行为机关或者复议机关提起行政赔偿诉讼,以被起诉的机关为被告,未被起诉的机关追加为第三人。

(二)行政赔偿程序

1 第九条 [赔偿请求的提出]赔偿义务机关有本法第三条、第四条规定情形之一的,应当给予赔偿。

赔偿请求人要求赔偿,应当先向赔偿义务机关提出,也可以在申请行政复议或者提起行政诉讼时一并提出。

第十条 [共同赔偿义务机关的连带责任]赔偿请求人可以向共同赔偿义务机关中的任何一个赔偿义务机关要求赔偿,该赔偿义务机关应当先予赔偿。

第十四条 [起诉期限]赔偿义务机关在规定期限内未作出是否赔偿的决定,赔偿请求人可以自期限届满之日起三个月内,向人民法院提起诉讼。

赔偿请求人对赔偿的方式、项目、数额有异议的,或者赔偿义务机关作出不予赔偿决定的,赔偿请求人可以自赔偿义务机关作出赔偿或者不予赔偿决定之日起三个月内,向人民法院提起诉讼。

《行政赔偿规定》

第六条 公民、法人或者其他组织一并提起行政赔偿诉讼中的当事人地位,按照其在行政诉讼中的地位确定,行政诉讼与行政赔偿诉讼当事人不一致的除外。

第七条 受害的公民死亡,其继承人和其他有扶养关系的人可以提起行政赔偿诉讼,并提供该公民死亡证明、赔偿请求人与死亡公民之间的关系证明。

受害的公民死亡,支付受害公民医疗费、丧葬费等合理费用的人可以依法提起行政赔偿诉讼。

有权提起行政赔偿诉讼的法人或者其他组织分立、合并、终止,承受其权利的法人或者其他组织可以依法提起行政赔偿诉讼。

第十三条 行政行为未被确认为违法,公民、法人或者其他组织提起行政赔偿诉讼的,人民法院应当视为提起行政诉讼时一并提起行政赔偿诉讼。

行政行为已被确认为违法,并符合下列条件的,公民、法人或者其他组织可以单独提起行政赔偿诉讼:

(一)原告具有行政赔偿请求资格;
(二)有明确的被告;
(三)有具体的赔偿请求和受损害的事实根据;
(四)赔偿义务机关已先行处理或者超过法定期限不予处理;
(五)属于人民法院行政赔偿诉讼的受案范围和受诉人民法院管辖;
(六)在法律规定的起诉期限内提起诉讼。

第十五条 公民、法人或者其他组织应当自知道或者应当知道行政行为侵犯其合法权益之日起两年内,向赔偿义务机关申请行政赔偿。赔偿义务机关在收到赔偿申请之日起两个月内未作出赔偿决定的,公民、法人或者其他组织可以依照行政诉讼法有关规定提起行政赔偿诉讼。

第十六条 公民、法人或者其他组织提起行政诉讼时一并请求行政赔偿的,适用行政诉讼法有关起诉期限的规定。

第十七条 公民、法人或者其他组织仅对行政复议决定中的行政赔偿部分有异议的,自复议决定书送达之日起十五日内提起行政赔偿诉讼的,人民法院应当依法受理。

行政机关作出有赔偿内容的行政复议决定时,未告知公民、法人或者其他组织起诉期限的,起诉期限从公民、法人或者其他组织知道或者应当知道起诉期限之日起计算,但从知道或者应当知道行政复议决定内容之日起最长不得超过一年。

❷ 第十五条 [举证责任]人民法院审理行政赔偿案件,赔偿请求人和赔偿义务机关对自己提出的主张,应当提供证据。

赔偿义务机关采取行政拘留或者限制人身自由的强制措施期间,被限制人身自由的人死亡或者丧失行为能力的,赔偿义务机关的行为与被限制人身自由的人的死亡或者丧失行为能力是否存在因果关系,赔偿义务机关应当提供证据。

《行政赔偿规定》

第十一条 行政赔偿诉讼中,原告应当对行政行为造成的损害提供证据;因被告的原因导致原告无法举证的,由被告承担举证责任。

人民法院对于原告主张的生产和生活所必需物品的合理损失,应当予以支持;对于原告提出的超出生产和生活所必需的其他贵重物品、现金损失,可以结合案件相关证据予以认定。[2023年回忆~行政赔偿诉讼的举证责任]

第十二条 原告主张其被限制人身自由期间受到身体伤害,被告否认相关损害事实或者损害与违法行政行为存在因果关系的,被告应当提供相应的证据证明。

专题二十三 司法赔偿

考点57 司法赔偿义务机关

第二十一条 [赔偿义务机关的确定]行使侦查、检察、审判职权的机关以及看守所、监狱管理机关及其工作人员在行使职权时侵犯公民、法人和其他组织的合法权益造成损害的,该机关为赔偿义务机关。

对公民采取拘留措施,依照本法的规定应当给予国家赔偿的,作出拘留决定的机关为赔偿义务机关。

对公民采取逮捕措施后决定撤销案件、不起诉或者判决宣告无罪的,作出逮捕决定的机关为赔偿义务机关。

再审改判无罪的,作出原生效判决的人民法院为赔偿义务机关。二审改判无罪,以及二审发回重审后作无罪处理的,作出一审有罪判决的人民法院为赔偿义务机关。

《刑事赔偿解释》

第十条 看守所及其工作人员在行使职权时侵犯公民合法权益造成损害的,看守所的主管机关为赔偿义务机关。

第十一条 对公民采取拘留措施后又采取逮捕措施,国家承担赔偿责任的,作出逮捕决定的机关为赔偿义务机关。

第十二条 一审判决有罪,二审发回重审后具有下列情形之一的,属于国家赔偿法第二十一条第四款规定的重审无罪赔偿,作出一审有罪判决的人民法院为赔偿义务机关:

（一）原审人民法院改判无罪并已发生法律效力的；
（二）重审期间人民检察院作出不起诉决定的；
（三）人民检察院在重审期间撤回起诉超过三十日或者人民法院决定按撤诉处理超过三十日未作出不起诉决定的。

依照审判监督程序再审后作无罪处理的，作出原生效判决的人民法院为赔偿义务机关。

《民事、行政诉讼司法赔偿解释》

第十八条 人民法院在民事、行政诉讼过程中，违法采取对妨害诉讼的强制措施、保全措施、先予执行措施，或者对判决、裁定及其他生效法律文书执行错误，系因上一级人民法院复议改变原裁决所致的，由该上一级人民法院作为赔偿义务机关。

考点58 司法赔偿范围

1 第十七条 [侵犯人身权的情形] 行使侦查、检察、审判职权的机关以及看守所、监狱管理机关及其工作人员在行使职权时有下列侵犯人身权情形之一的，受害人有取得赔偿的权利：

（一）违反刑事诉讼法的规定对公民采取拘留措施的，或者依照刑事诉讼法规定的条件和程序对公民采取拘留措施，但是拘留时间超过刑事诉讼法规定的时限，其后决定撤销案件、不起诉或者判决宣告无罪终止追究刑事责任的；

（二）对公民采取逮捕措施后，决定撤销案件、不起诉或者判决宣告无罪终止追究刑事责任的；

（三）依照审判监督程序再审改判无罪，原判刑罚已经执行的；

（四）刑讯逼供或者以殴打、虐待等行为或者唆使、放纵他人以殴打、虐待等行为造成公民身体伤害或者死亡的；

（五）违法使用武器、警械造成公民身体伤害或者死亡的。[2011年真题~国家赔偿的范围]

《刑事赔偿解释》

第二条 解除、撤销拘留或者逮捕措施后虽尚未撤销案件、作出不起诉决定或判决宣告无罪，但是符合下列情形之一的，属于国家赔偿法第十七条第一项、第二项规定的终止追究刑事责任：

（一）办案机关决定对犯罪嫌疑人终止侦查的；
（二）解除、撤销取保候审、监视居住、拘留、逮捕措施后，办案机关超过一年未移送起诉、作出不起诉决定或者撤销案件的；
（三）取保候审、监视居住法定期限届满后，办案机关超过一年未移送起诉、作出不起诉决定或者撤销案件的；
（四）人民检察院撤回起诉超过三十日未作出不起诉决定的；
（五）人民法院决定按撤诉处理后超过三十日，人民检察院未作出不起诉决定的；
（六）人民法院准许刑事自诉案件自诉人撤诉的，或者人民法院决定对刑事自诉案件按撤诉处理的。

赔偿义务机关有证据证明尚未终止追究刑事责任，且经人民法院赔偿委员会审查属实的，应当决定驳回赔偿请求人的赔偿申请。

第五条 对公民采取刑事拘留措施后终止追究刑事责任，具有下列情形之一的，属于国家赔偿法第十七条第一项规定的违法刑事拘留：

（一）违反刑事诉讼法规定的条件采取拘留措施的；
（二）违反刑事诉讼法规定的程序采取拘留措施的；
（三）依照刑事诉讼法规定的条件和程序对公民采取拘留措施，但是拘留时间超过刑事诉讼法规定的时限。

违法刑事拘留的人身自由赔偿金自拘留之日起计算。

第六条 数罪并罚的案件经再审改判部分罪名不成立，监禁期限超出再审判决确定的刑期，公民对超期监禁申请国家赔偿的，应当决定予以赔偿。

2 第十八条 [侵犯财产权的情形] 行使侦查、检察、审判职权的机关以及看守所、监狱管理机关及其工作人员在行使职权时有下列侵犯财产权情形之一的，受害人有取得赔偿的权利：

（一）违法对财产采取查封、扣押、冻结、追缴等措施的；
（二）依照审判监督程序再审改判无罪，原判罚金、没收财产已经执行的。

3 第十九条 [不承担赔偿责任的情形] 属于下列情形之一的，国家不承担赔偿责任：

（一）因公民自己故意作虚伪供述，或者伪造其他有罪证据被羁押或者被判处刑罚的；
（二）依照刑法第十七条、第十八条规定不负刑事责任的人被羁押的；
（三）依照刑事诉讼法第十五条（现第十六条）、第一百七十三条第二款（现第一百七十七条第二款）、第二百七十三条第二款（现第二百八十四条第二款）、第二百七十九条（现第二百九十条）规定不追究刑事责任的人被羁押的；
（四）行使侦查、检察、审判职权的机关以及看守所、监狱管理机关的工作人员与行使职权无关的个人行为；
（五）因公民自伤、自残等故意行为致使损害发生的；
（六）法律规定的其他情形。

《执行国家赔偿法几个问题的解释》

四、根据赔偿法第二十六条、第二十七条（现第三十三条、第三十四条）的规定，人民法院判处管制、有期徒刑缓刑、剥夺政治权利等刑罚的人被依法改判无罪的，国家不承担赔偿责任，但是，赔偿请求人在判决生效前被羁押的，依法有权取得赔偿。

《刑事赔偿解释》

第七条 根据国家赔偿法第十九条第二项、第三项的规定，依照刑法第十七条、第十八条规定不负刑事责任的人和依照刑事诉讼法第十五条（现第十六条）、第一百七十三条第二款（现第一百七十七条第二款）规定不追究刑事责任的人被羁押，国家不承担赔偿责任。但是，对起诉后经人民法院错判拘役、有期徒刑、无期徒刑并已执行的，人民法院应当对该判决确定后继续监禁期间侵犯公民人身自由权的情形予以赔偿。

第八条 赔偿义务机关主张依据国家赔偿法第十九条第一项、第五项规定的情形免除赔偿责任的,应当就该免责事由的成立承担举证责任。

考点59 司法赔偿程序

第二十二条 [赔偿请求的提出]赔偿义务机关有本法第十七条、第十八条规定情形之一的,应当给予赔偿。

赔偿请求人要求赔偿,应当先向赔偿义务机关提出。

赔偿请求人提出赔偿请求,适用本法第十一条、第十二条的规定。

第二十四条 [申请复议]赔偿义务机关在规定期限内未作出是否赔偿的决定,赔偿请求人可以自期限届满之日起三十日内向赔偿义务机关的上一级机关申请复议。

赔偿请求人对赔偿的方式、项目、数额有异议的,或者赔偿义务机关作出不予赔偿决定的,赔偿请求人可以自赔偿义务机关作出赔偿或者不予赔偿决定之日起三十日内,向赔偿义务机关的上一级机关申请复议。

赔偿义务机关是人民法院的,赔偿请求人可以依照本条规定向其上一级人民法院赔偿委员会申请作出赔偿决定。

第二十五条 [复议期限]复议机关应当自收到申请之日起两个月内作出决定。

赔偿请求人不服复议决定的,可以在收到复议决定之日起三十日内向复议机关所在地的同级人民法院赔偿委员会申请作出赔偿决定;复议机关逾期不作决定的,赔偿请求人可以自期限届满之日起三十日内向复议机关所在地的同级人民法院赔偿委员会申请作出赔偿决定。

专题二十四 国家赔偿方式、标准和费用

考点61 国家赔偿方式与标准

1 第三十三条 [侵犯人身自由赔偿金的计算]侵犯公民人身自由的,每日赔偿金按照国家上年度职工日平均工资计算。

《刑事赔偿解释》

第二十一条 国家赔偿法第三十三条、第三十四条规定的上年度,是指赔偿义务机关作出赔偿决定时的上一年度;复议机关或者人民法院赔偿委员会改变原赔偿决定,按照新作出决定时的上一年度国家职工平均工资标准计算人身自由赔偿金。

作出赔偿决定、复议决定时国家上年度职工平均工资尚未公布的,以已经公布的最近年度职工平均工资为准。

2 第三十四条 [侵犯生命健康权赔偿金的计算]侵犯公民生命健康权的,赔偿金按照下列规定计算:

(一)造成身体伤害的,应当支付医疗费、护理费,以及赔偿因误工减少的收入。减少的收入每日的赔偿金按照国家上年度职工日平均工资计算,最高额为国家上年度职工年平均工资的五倍;

(二)造成部分或者全部丧失劳动能力的,应当支付医疗费、护理费、残疾生活辅助具费、康复费等因残疾而增加的必要支出和继续治疗所必需的费用,以及残疾赔偿金。残疾赔偿金根据丧失劳动能力的程度,按照国家规定的伤残等级确定,最高不超过国家上年度职工年平均工资的二十倍。造成全部丧失劳动能力的,对其扶养的无劳动能力的人,还应当支付生活费;

(三)造成死亡的,应当支付死亡赔偿金、丧葬费,总额为国家上年度职工年平均工资的二十倍。对死者生前扶养的无劳动能力的人,还应当支付生活费。

前款第二项、第三项规定的生活费的发放标准,参照当地最低生活保障标准执行。被扶养的人是未成年人的,生活费给付至十八周岁止;其他无劳动能力的人,生活费给付至死亡时止。

3 第三十五条 [精神损害赔偿]有本法第三条或者第十七条规定情形之一,致人精神损害的,应当在侵权行为影响的范围内,为受害人消除影响,恢复名誉,赔礼道歉;造成严重后果的,应当支付相应的精神损害抚慰金。

《行政赔偿规定》

第二十六条 有下列情形之一的,属于国家赔偿法第三十五条规定的"造成严重后果":

(一)受害人被非法限制人身自由超过六个月;

(二)受害人经鉴定为轻伤以上或者残疾;

(三)受害人经诊断、鉴定为精神障碍或者精神残疾,且与违法行政行为存在关联;

(四)受害人名誉、荣誉、家庭、职业、教育等方面遭受严重损害,且与违法行政行为存在关联。

有下列情形之一的,可以认定为后果特别严重:

(一)受害人被限制人身自由十年以上;

(二)受害人死亡;

(三)受害人经鉴定为重伤或者残疾一至四级,且生活不能自理;

(四)受害人经诊断、鉴定为严重精神障碍或者精神残疾一至二级,生活不能自理,且与违法行政行为存在关联。

第三十条 被告有国家赔偿法第三条规定情形之一,致人精神损害的,人民法院应当判决其在违法行为影响的范围内,为受害人消除影响、恢复名誉、赔礼道歉;消除影响、恢复名誉和赔礼道歉的履行方式,可以双方协商,协商不成的,人民法院应当责令被告以适当的方式履行。造成严重后果的,应当判决支付相应的精神损害抚慰金。

《国家赔偿案件确定精神损害赔偿责任的解释》

第二条 公民以人身权受到侵犯为由提出国家赔偿申请,未请求精神损害赔偿,或者未同时请求消除影响、恢复名誉、赔礼道歉以及精神损害抚慰金的,人民法院应当向其释明。经释明后不变更请求,案件审结后又基于同一侵权事实另行提出申请的,人民法院不予受理。

第三条 赔偿义务机关有国家赔偿法第三条、第十

七条规定情形之一,依法应当承担国家赔偿责任的,可以同时认定该侵权行为致人精神损害。但是赔偿义务机关有证据证明该公民不存在精神损害,或者认定精神损害违背公序良俗的除外。

第四条 侵权行为致人精神损害,应当为受害人消除影响、恢复名誉或者赔礼道歉;侵权行为致人精神损害并造成严重后果,应当在支付精神损害抚慰金的同时,视案件具体情形,为受害人消除影响、恢复名誉或者赔礼道歉。

消除影响、恢复名誉与赔礼道歉,可以单独适用,也可以合并适用,并应当与侵权行为的具体方式和造成的影响范围相当。

第八条 致人精神损害,造成严重后果的,精神损害抚慰金一般应当在国家赔偿法第三十三条、第三十四条规定的人身自由赔偿金、生命健康赔偿金总额的百分之五十以下(包括本数)酌定;后果特别严重,或者虽然不具有本解释第七条第二款规定情形,但是确有证据证明前述标准不足以抚慰的,可以在百分之五十以上酌定。

第十条 精神损害抚慰金的数额一般不少于一千元;数额在一千元以上的,以千为计数单位。

赔偿请求人请求的精神损害抚慰金少于一千元,且其请求事由符合本解释规定的造成严重后果情形,经释明不予变更的,按照其请求数额支付。

4 第三十六条 [侵犯财产权赔偿金的计算] 侵犯公民、法人和其他组织的财产权造成损害的,按照下列规定处理:

(一)处罚款、罚金、追缴、没收财产或者违法征收、征用财产的,返还财产;

(二)查封、扣押、冻结财产的,解除对财产的查封、扣押、冻结,造成财产损坏或者灭失的,依照本条第三项、第四项的规定赔偿;

(三)应当返还的财产损坏的,能够恢复原状的恢复原状,不能恢复原状的,按照损害程度给付相应的赔偿金;

(四)应当返还的财产灭失的,给付相应的赔偿金;

(五)财产已经拍卖或者变卖的,给付拍卖或者变卖所得的价款;变卖的价款明显低于财产价值的,应当支付相应的赔偿金;

(六)吊销许可证和执照、责令停产停业的,赔偿停产停业期间必要的经常性费用开支;

(七)返还执行的罚款或者罚金、追缴或者没收的金钱,解除冻结的存款或者汇款的,应当支付银行同期存款利息;

(八)对财产权造成其他损害的,按照直接损失给予赔偿。

《行政赔偿规定》

第二十八条 下列损失属于国家赔偿法第三十六条第六项规定的"停产停业期间必要的经常性费用开支":

(一)必要留守职工的工资;

(二)必须缴纳的税款、社会保险费;

(三)应当缴纳的水电费、保管费、仓储费、承包费;

(四)合理的房屋场地租金、设备租金、设备折旧费;

(五)维系停产停业期间运营所需的其他基本开支。

第二十九条 下列损失属于国家赔偿法第三十六条第八项规定的"直接损失":

(一)存款利息、贷款利息、现金利息;

(二)机动车停运期间的营运损失;

(三)通过行政补偿程序依法应当获得的奖励、补贴等;

(四)对财产造成的其他实际损失。

答案速查

1.B	2.CD	3.C	127.AC	128.ABD	129.A
4.BC	5.BC	6.ACD	130.ABC	131.A	132.C
7.ABCD	8.BCD	9.AD	133.BCD	134.AB	135.C
10.AC	11.BC	12.AD	136.ABC(原答案为C)		137.B
13.C	14.C	15.C	138.BCD	139.AC	140.AB
16.A	17.B	18.D	141.B	142.BCD	143.B
19.B	20.A	21.B	144.(1)AC；(2)ABC		145.BCD
22.AD	23.B	24.C	146.BCD	147.AD	148.A
25.ABCD(原答案为D)		26.D	149.AC(原答案为A)		150.D
27.AB	28.B	29.A	151.BD(原答案为ABD)		152.AC(原答案为C)
30.AD	31.A	32.D	153.A(原答案为AD)		154.AD(原答案为D)
33.C	34.C	35.B	155.AB(原答案为B)		156.BC
36.BD(原答案为B)	37.BC	38.BCD	157.ACD(原答案为AD)		158.CD
39.C	40.CD	41.BC	159.D	160.ABC	161.B(原答案为AB)
42.ABC	43.D	44.D(原答案为C)	162.AD	ABCD	163.CD
45.ACD	46.AC	47.B	164.AC(原答案为C)		
48.A	49.C	50.C	165.BC(原答案为ABC)		166.A
51.C	52.ABD	53.AC	167.A	168.CD	169.BC
54.BCD	55.C	56.D	170.CD	171.A	172.D
57.BC	58.CD	59.BCD	173.A	174.ABCD(原答案为ACD)	
60.C	61.B	62.C	175.BD	176.D	
63.B	64.C	65.BD	177.(1)ABC；(2)ABCD		
66.BC	67.D	68.AB	178.ABC(原答案为AB)		
69.AC	70.ACD	71.CD	179.ABCD(原答案为C)		180.BCD
72.A	73.C	74.D	181.A	182.AB	183.D
75.ABC	76.ABCD	77.D	184.BCD	185.C	186.C
78.CD	79.B	80.C	187.BCD	188.B	189.BCD
81.A	82.ACD	83.AC	190.AD	191.ACD	192.C
84.B	85.B	86.ABD	193.D	194.D	195.BC
87.B	88.ABD	89.B	196.C	197.BCD	198.BC
90.ABCD	91.ACD	92.B(原答案为ABC)	199.AD	200.B(原答案为AB)	201.B
93.A	94.BC	95.A	202.B	203.BCD	204.B
96.ABD	97.C	98.BCD	205.ABCD	206.AD	207.BD
99.AC	100.C	101.D	208.ABC	209.B	210.ACD
102.AB	103.BCD	104.ACD	211.A(原答案为D)	212.BCD(原答案为BC)	
105.CD	106.A	107.ABD	213.BC(原答案为BCD)		214.C
108.C	109.D	110.C	215.AD	216.CD(原答案为C)	
111.ABCD(原答案为ABC)		112.ABC	217.AC	218.C(原答案为BC)	
113.AC(原答案为ACD)		114.B	219.D(原答案为CD)		220.BC
115.AC	116.ACD	117.BCD	221.AB(原答案为A)		222.BC
118.B	119.ABD	120.B	223.D	224.BC	225.B
121.AC	122.B	123.C	226.CD	227.ABC	228.AC
124.BCD	125.D	126.ABD	229.B	230.A	231.BC

232.BCD	233.BD	234.ACD	262.AD	263.B(原答案为BC)	
235.AD	236.BD	237.B	264.ABCD	265.ABD	266.BD
238.A	239.ABC		267.BC	268.ABD	269.BCD
240.AC(原答案为ACD)		241.D	270.AB	271.D	272.CD
242.CD	243.ABCD	244.C	273.ABCD(原答案为D)		274.BCD
245.ACD	246.B	247.AD	275.BC	276.C	277.BCD
248.ACD	249.A	250.ABC	278.D	279.A	280.AD
251.AB	252.C	253.D	281.C	282.A	283.B(原答案为BD)
254.AB(原答案为ABD)			284.B	285.ABD	286.CD
255.ABCD(原答案为ABC)		256.B	287.ABD	288.ABC	289.AD
257.BD	258.AD	259.C	290.C	291.AB	292.C
260.AD(原答案为D)		261.CD			